LOS
EXITOSOS
PIENSAN

EL MÉTODO PARA VER MÁS

HÉCTOR TEME

WHITAKER
HOUSE
Español

Editado por: Ofelia Pérez

Lo que los exitosos piensan
El método para ver más

ISBN: 978-1-64123-628-7
eBook ISBN: 978-1-64123-629-4
Impreso en los Estados Unidos de América.
© 2020 por Héctor Teme

Whitaker House
1030 Hunt Valley Circle
New Kensington, PA 15068
www.whitakerhouseespanol.com

Por favor, envíe sugerencias sobre este libro a: comentarios@whitakerhouse.com.

1 2 3 4 5 6 7 8 9 10 11 **LIJ** 27 26 25 24 23 22 21 20

DEDICATORIA

A Laura, mi adorada esposa, con quien por décadas hemos aprendido a pensar y diseñar el futuro en el que elegimos vivir.

INDICE

INTRODUCCIÓN

Tú puedes ser uno de ellos...

Déjame develarte sus secretos.

Hemos atendido a miles de personas en los últimos años.

Hemos tenido el gusto de ver cómo crecen y aprenden, así como algunos se detienen y fracasan.

Pero hemos visto patrones iguales en los que tienen éxito para lo que piensan, hacen, buscan y disfrutan.

Déjame develarte esos secretos. ¡Comencemos por lo que los exitosos piensan!

Tú podrás ver cómo las personas exitosas usan una matriz de pensamiento antes de actuar.

¿Qué acciones hago? ¿Qué dirección tomo?

¿Cómo convierto la crisis en posibilidad? ¿Cómo logro aprender de todo esto y crecer?

¿No te ha pasado que muchas de las acciones que has tomado, o has visto a otros tomar, han salido a un mar de incertidumbres?

Qué buen momento para hacer un alto y pensar... ¿qué estoy pensando antes de actuar?

¿Qué estás pensando y con qué sistema de pensamiento generarás lo que estás pensando?

He escrito muchos libros. Siempre he buscado que el lector pueda tener pensamientos profundos de manera simple. En este, más que nunca, me encomendé a esa tarea.

Este es un libro profundo para la gran demanda de estos tiempos. Este es un libro histórico, pensado y escrito para que tú hagas historia… ¡y seas exitoso!

Es un tiempo donde si te equivocas no solamente pierdes, sino que corres el riesgo de morir.

O peor aún, que otros mueran por tus decisiones.

Si hay que ser poderosos para la vida, debemos reentrenarnos fuertemente en las áreas de mayor desafío. ¿Cuáles son? ¿Será lo que hacemos?

Me temo que no. Es más aun aquello que observamos.

"Sobre toda cosa guardada guarda tu corazón porque de él mana la vida", dice Proverbios. *"Porque cual es su pensamiento en su corazón, tal es él"*, también repite.[1]

Por eso antes de hacer, es hora de profundizar qué debemos **pensar** en estos tiempos para ver más, para hacer mejor y para entender los tiempos que pasan.

Espero llevarte a una nueva manera de pensar y que puedas saber cómo los exitosos piensan y ser uno de ellos.

Pompano Beach, Florida, EEUU

Junio 2020

---

1. Ver Proverbios 4:23; 23:7 (RVR 60)

1

SALES DEL MODELO ANTERIOR DE PENSAMIENTO

EL NUEVO PENSAMIENTO

Hay un cambio de pensamiento muy fuerte. Lo que antes daba resultado y traía éxito en la persona, hoy ya no. Los que antes tenían una manera de generar logros en sus vidas saben que los modelos que usaban ya no alcanzan. Pero no importa tanto lo que pasa, ¡sino cómo nos relacionamos con ello! Y hoy podemos elegir profundizar en este proceso de pensamiento que nos llevará a nuevos niveles de entendimiento y, por consecuencia, de éxito.

El éxito en el resultado está directamente relacionado con tu manera de entender el mundo en el que vives y su sistema de pensamiento.

Lo primero que debemos analizar es que no todos pensamos de la misma forma. Aunque a uno le parezca que todo el mundo piensa igual y que solo es una cuestión de suerte, déjame decirte que no, que hay patrones de pensamiento que los exitosos tienen. Y que hay patrones de pensamiento que algunos tenían que les daba éxito antes y que ahora no tienen los mismos resultados que antes.

Si tuviera que definirte el sistema de pensamiento, de mirar, de observar la vida de los siglos pasados, puedo definírtelo con tres palabras: Soy/Conozco/Hago. Este ha sido por siglos el modelo de pensamiento. Primero defino quién soy, luego busco conocer mucho y, por último, hago conforme a quien sé que soy. ¡Hoy ese es el modelo de pensamiento de ayer! Ya no logra los mismos resultados.

Antes, cuando uno quería lograr un resultado, generaba acciones en pos de ese resultado. Y todavía hay gente que lo hace así. Y después le echan la culpa al caos organizado o al virus globalizado, en vez de darse cuenta de que sus modelos de pensar ya no alcanzan. Antes, cuanto más talentos uno tenía o más sabía, o sus acciones eran más efectivas, más posibilidades tenía de lograr el éxito.

Hoy puedes ser un genio, o un sabelotodo, pero no poder relacionarte con el conflicto, con la ambigüedad, o si sigues pensando que todo lo que sientes, y tus emociones son tus verdades absolutas, probablemente estés lejos del éxito. Desde hace un tiempo, ese modelo cada vez funciona menos.

Vemos gente con talento que sabe más que el resto y que hace mucho, pero no logran el resultado que buscan, o cada vez les cuesta más. No se dan cuenta. Los tiene la manera que miran y eso les hace creer que todo está difícil, pero no logran ver que se convirtieron en un modelo de pensamiento obsoleto.

Vayamos por ello. Terminemos con ese sufrimiento y profundicemos en cómo salir de ese lugar.

El nuevo modelo que enseñamos en METODOCC es:

Siendo/Entiendo/Me comprometo

Ya no creemos que solo somos lo que trajimos, y confiamos más en estar empoderados que en saber. Y el lema de los exitosos es:

No me comprometo porque puedo, sino que puedo porque me comprometo.

Al cambiar tu manera de pensar podrás surcar los mares de la incertidumbre, podrás estar listo para los embates de la ambigüedad, podrás liderar en medio de las crisis. ¡Te lo aseguro! ¡Ya lo verás!

Lo que los exitosos piensan hoy, te ayudará a saber que *la clave ya no está en lo que haces, sino en lo que piensas con lo que haces.*

Iremos viendo a través de todo el proceso cómo las tres **"Re"** nos permitirán estar listos para pensar poderosamente:

Responsabilidad

Relación

Resultado

En ellos cada vez veremos cómo salir de SOY/ CONOZCO/HAGO y pasar a

SIENDO/ENTIENDO/ME COMPROMETO.

Quizás no te das cuenta de que el modelo en el que abordas cada situación es una de las razones por las que no estás logrando lo que deseas. Crees que cambiando acciones o emociones lo lograrás. Ya viste que no. Solo reaccionaste y te encontraste en el mismo lugar que ayer, ahora algo más frustrado. Has intentado también saber más. Y te llenaste de conocimiento para explicar un mundo que ya no existe.

¿Pero si antes lo lograba, por qué ahora no? Ese es uno de los desafíos más grandes; que puedas ver que el modelo que durante tantos años usaste está obsoleto.

¡Bienvenido a *Lo que los exitosos piensan* y trabajemos juntos para prepararte para estos tiempos!

Te llevaremos por el camino del entendimiento que te dará luz en medio de la oscuridad, que te mostrará profundidades desde la cima, que te llevará por vuelos elevados solamente prestando atención.

Las personas exitosas ya no piensan en acciones, sino en estrategias.

+ No piensan en conocerlo todo, sino que viven comprometidos con entender y caminar en el aprendizaje constante.

- No piensan desde la circunstancia, sino desde la convicción.

- No piensan desde la solución de los problemas, sino desde la búsqueda de oportunidades para ampliarse en medio de la duda.

- No piensan solamente en cómo van a accionar o reaccionar a lo que está pasando, sino en cómo van a hacer para que lo que esté pasando los lleve a la visión extraordinaria.

- No piensan que somos diferentes, sino únicos.

- Los exitosos son antes de hacer, y vuelan antes de caminar.

- Los exitosos piensan desde la visión, no desde los recursos.

- Los exitosos piensan desde sus elecciones y manejan sus emociones.

- Las personas exitosas piensan un paso antes.

Y en ese paso y en una milésima de segundo pueden entender la macro visión de lo que está pasando. Cuando uno comprende que un líder exitoso pensó y habló antes de hacer, es cuando empieza a entender la importancia de dedicarle tiempo al sistema de pensamiento de los líderes exitosos.

Causa y efecto ya no alcanza para poder explicar el mundo de hoy. La complejidad enorme de causa debe ser entendida desde matrices especiales que las personas exitosas tienen como una manera de ser cotidiana. Piensa como ellos y tendrás éxito en tu vida cotidiana.

Llegamos hasta este tiempo con una gran carga de creer que venimos a la vida a descubrir quiénes somos y no a elegir quiénes queremos ser. Este es uno de los factores claves que nos separan. Si tú crees que lo mejor que puedes hacer es conocerte, difícilmente puedas diseñar un futuro poderoso. Pero si logras aceptar que traes un modelo que puedes perfeccionar cada día, seguro que llegarás lejos.

El milenio nos encontró con la novedad de que ya no somos cien por ciento de un modo y que lo mejor que podemos hacer es mejorarlo, sino que podemos diseñar más allá de nuestra herencia genética.

Hoy no solamente somos. Podemos trabajar con ello.

REPASEMOS EN SÍNTESIS CÓMO PENSABAN AYER

SOY

Todavía hay personas que creen que vienen a la vida a descubrir quiénes son. Se pasan la vida preguntándoles a otros quiénes son, cómo son y qué deben hacer. Vemos que algunos sufren por creer que lo que son no se puede cambiar. Lo mejor que pueden hacer es tratar de controlar lo que son, o aprender técnicas que les permitan que lo que son no les afecte. El modelo de creer que uno *es* tiene su crecimiento en el mundo del siglo pasado que se guiaba por la razón. *Cuando uno solo busca la razón o lo correcto en todo, es muy difícil poder ver más allá de eso.*

CONOZCO

Durante muchos años entendimos que la manera de ir por nuevas cosas era sabiendo más. Hoy tenemos un gran número de sabelotodos para un mundo que ya no existe; que tienen excelentes respuestas para preguntas que ya nadie les hace.

HAGO

Hemos medido a las personas por lo que hacían. Los trabajos y tareas que desarrollaban y los títulos que tenían eran lo que marcaba su identidad.

CÓMO VEMOS Y PENSAMOS EN EL MUNDO ACTUAL

SIENDO

Hoy ya no solamente somos, sino que estamos siendo. Podemos cada día comprender que no solo estamos en un mundo en constante movimiento, sino que estamos en un proceso de perfeccionamiento continuo. No somos una obra maestra terminada, sino en construcción, y elegimos la expansión y el aprendizaje continuo como herramienta constante.

ENTIENDO

Con solo saber ya no alcanza. Con saber y aplicar, tampoco. Debemos llevar nuestros pensamientos a un nivel más profundo que saber y saber hacer. Y este es **entender.**

Entender es poder ver más.

ME COMPROMETO

Los exitosos hoy piensan en generar un mundo nuevo, más que en descubrir el mundo que ya está hecho. Piensan en crear contextos para el logro, más que en acciones para el logro.

El comprometerse es primero un acto declarativo que una acción.

En el contexto de la nueva manera de pensar Siendo/ Entiendo/Me comprometo es que hemos ideado tres sectores para llevarlo a la ejecución, y que puedas pensar como los exitosos.

Siendo, entiendo y me comprometo en responsabilidad.

Siendo, entiendo y me comprometo en relaciones.

Siendo, entiendo y me comprometo en resultados.

ENTRÉNATE EN PENSAMIENTO PROFUNDO

Yo, Héctor Teme, tengo un compromiso de que todos aquellos que lean este libro se conviertan en exitosos. Esa es mi misión. Te estoy regalando los siguientes programas que tienen un costo alto dentro de METODOCC. Mira a tu futuro y haz un compromiso contigo aquí y ahora. Sigue estas instrucciones y….

¡APROVECHA! QUIERO DARTE CUATRO REGALOS COMPLETAMENTE GRATIS para que tú también seas exitoso. ESTE ES EL PRIMERO.

Entrénate en Mirando desde el otro lado.

Los exitosos se destacan por entender más. El entendimiento pasa por tener la capacidad de ver más. Este proceso intensivo te permitirá transformar aquellos paradigmas y modelos de pensamiento que limitan tu capacidad de observar. Podrás trabajar puntos ciegos en tu vida y que seas capaz de estirarte para alcanzar nuevos niveles. No puedes pretender ir al futuro con viejas formas.

Ingresa YA a
www.desarrolladoresdeentendimiento.org/pp1

Y como eres un lector comprometido de LO QUE LOS EXITOSOS PIENSAN, he querido entregarte este REGALO COMPLETAMENTE GRATIS, como parte de mi compromiso contigo para que te conviertas en un exitoso que conquiste la cima también. Espero que lo disfrutes.

2

EMPIEZAS A PRACTICAR UNA NUEVA
MANERA DE OBSERVAR

Los exitosos pasaron la barrera de buscar afuera lo que saben que tienen que trabajar dentro.

Jamas podrá desbordar un corazón vacío. Por eso llenan su interior y se preparan a pensar poderosamente.

Hemos visto, en todos estos años, organizaciones profesionales, gobiernos e iglesias buscar, hacer y medir su nivel de certeza con el resultado de su hacer. Esto podía servir en épocas pasadas. Ya todos se dieron cuenta de que el mundo cambió. Con querer hacer ya no te alcanza. Hoy necesitas nuevas formas para llegar a nuevos lugares.

Los exitosos piensan antes de hacer. Eso les da un poder enorme ante las circunstancias y mucho mayor ante la adversidad.

Tú puedes, igual que los que tienen éxito, prepararte para este nuevo tiempo, donde deberás trabajar tu manera de observar la vida, tomar conciencia de lo que piensas, y luego recién tener un hacer efectivo.

¿Qué es lo que los exitosos piensan?

Primero, **se hacen cargo.** Dejan de jugar el juego de la víctima o del desconocimiento. Ellos pasan la barrera de terminar cuando están cansados y se disciplinan a terminar cuando lo logran.

Un exitoso piensa que su desarrollo de responsabilidad es más grande que la incertidumbre, que la ambigüedad, que los conflictos y que las complejidades de la vida cotidiana. Se hacen cargo antes de saber. Piensan. Antes de hacer, son exitosos. Han cambiado su manera de relacionarse con la responsabilidad.

En siglos pasados, la gente era medida por lo que hacía. El resultado culposo o meritorio de alguien indicaba su grado de responsabilidad. Antes, culpable y responsable estaban muy cerca. Al medirse a las personas por lo que hacían, siempre al ver el resultado se analizaba si tenía méritos o créditos o si tenía culpa o consecuencias. El siglo de la razón se ocupaba de que todo fuera correcto o incorrecto, y que el lenguaje se usara para poder describir lo que pasaba y no para generar lo que deseábamos que pase.

En este nuevo tiempo, la **responsabilidad** no es algo que se ve al final de lo que hacemos, sino que se vive al comienzo. Antes de comenzar, estoy listo para hacerme cargo. Aunque no lo sepa todo, aunque no tenga todos los recursos, aunque me falte mirada o me sobre temor, me hago cargo.

Cuando vivimos en medio de la crisis, es muy fácil buscar responsables que tengan la culpa.

Ya no hay un éxito y crecimiento continuo en aquellas personas u organizaciones que se pasan el día en un proceso de señalar con el dedo: "Tú tienes la culpa de esto, tú tienes la culpa de lo otro. No pasa esto, por esto".

El concepto de culpa es el concepto de los perdedores.

Los exitosos piensan la culpa o cómo miden lo que pasa, desde otros lugares. Están en el mismo sitio que el resto, pero ven más. Ya no se quedan demorados en señalar con el dedo, sino en elevarse más allá de lo que pasa.

Los exitosos se hacen cargo, pero no se hacen cargo al final; se hacen cargo al comienzo.

Responsabilidad es una palabra compuesta de dos palabras y significa "habilidad para responder" o en inglés, *accountable*. Es tan interesante que esta palabra no exista en español. Pareciera que para nosotros es más fácil ver quien tiene la culpa que quien se haga cargo.

Si estás leyendo este libro es porque deseas triunfar y porque las herramientas que has tenido hasta ahora no te han alcanzado para lograrlo. Anímate a pensar diferente y profundiza el **RE RE RE** que te traemos en este método: **R**esponsabilidad, **Relación, Resultado.** Verás cómo tu sistema de pensamiento te ayudará a que en el momento que hagas, tendrás resultados y relaciones que jamás has tenido.

Responsabilidad es la habilidad para responder más allá de los sentimientos que tengas, de las emociones, de las pérdidas, de las decisiones que tengas que tomar.

¿Te haces cargo o simplemente estás dejando que tu nivel de pensamiento se justifique? ¿Eres de los que piensan: "No voy a hacer esto porque me van a echar la culpa. ¿Van a decir que lo hice mal, o van a señalarme con el dedo"?

Un exitoso, no es que no se preocupa. Es que no está pensando en culpabilidades. Está haciéndose cargo. Accountable es esa habilidad para responder basado en el modelo de "me comprometo, actúo y aprendo".

Los exitosos dejaron de pensar que ya todo lo sabían y que lo único que debían hacer era "hacer". Entendieron que debían entrar en un aprendizaje constante.

El mundo había cambiado, ya no era un mundo estático, sino uno que se mueve rápidamente.

Hemos profundizado mucho acerca de este mundo y sus cambios y cómo descubrirlo, disectarlo, y disfrutarlo, en nuestro libro *Punto de partida*. Te invito a que lo incorpores a tu proceso de pensamiento profundo que los exitosos piensan. El saber solamente ya no alcanza para liderar procesos. Necesitas ir más profundo. Para eso tienes que tener una mirada especial sobre el aprendizaje.

RESPONSABILIDAD: DEFINICIÓN Y SU RELACIÓN CON EL APRENDIZAJE CONTINUO

En nuestro libro *Logra lo extraordinario*, decíamos que el término "responsabilidad" es una palabra compuesta que significa "habilidad para responder". Esto me sugiere que tengo la habilidad para responder, no solo si estoy a cargo o tengo el crédito de lo sucedido. Por lo tanto, la "habilidad para responder" pone la cuestión de peso en otro lugar.

Si responsabilidad es "habilidad para responder" y no solo culpa o cargo, te pregunto: ¿Tienes la habilidad para responder por los niños hambrientos de tu país? Por supuesto que sí. ¿Tienes la habilidad para responder en cuanto a actuar para que tu iglesia sea la más influyente en la comunidad? Por supuesto que sí. ¿Tienes la habilidad para responder de modo que contribuyas para que tu nación sea santa e inmaculada, y que sirva al Señor y no a otros dioses? Por supuesto que sí. Entonces, ya la cuestión no es preguntarnos por responsabilidad, sino por compromiso.

Tengo la habilidad para responder por muchas cosas que no hago debido a que no estoy comprometido a hacerlo. Esto no es bueno ni malo. Aunque sabemos que conforme al compromiso que tengas con tu comunidad es lo que recibirás de ella, los crecimientos o éxitos tienen que ver con el compromiso. Así que allí podemos preguntarnos unos a otros si comenzaremos a ser responsables de nuestra vida. Por eso, si no estoy comprometido a hacer que mi vida, mi familia y mis seres queridos sean mi más alto grado de responsabilidad, es porque estoy justificando lo que sucede y, aunque tenga la habilidad para responder, debo comprometerme más.

Repasando, digamos que el concepto de responsabilidad se usa para lo siguiente:

+ Encontrar quién tiene la culpa.
+ Determinar de quién fue el mérito.

Cuando le echamos la culpa al otro, ¿nos damos cuenta de que perdemos en manos de otro el poder de hacer algo? El desarrollo de la habilidad para «conversar» facilita nuestra coordinación de acciones con otros, lo cual redunda en el desarrollo de relaciones.

Estamos acostumbrados a escuchar que la responsabilidad en una relación es de cincuenta por ciento y cincuenta por ciento para cada una de las partes. No es así. Es hacerse cargo del ciento por ciento de la relación. Si cada uno se hiciera cargo del ciento por ciento de la relación con el otro, es probable que tenga mucho más logro que quien solo hace lo que tiene a la mano.

Por lo tanto, en la responsabilidad se puede asumir una de estas dos posturas:

+ La de víctima. En esta soy un espectador de la vida que se queda esperando y deseando; soy conformista. Aquí utilizamos excusas y explicaciones para sentirnos inocentes y echarle la culpa a otro. Pensamos que los problemas viven fuera de uno y que no se puede hacer nada. Los demás tienen la culpa; no podemos cambiar nada.

+ La de responsable por la vida. En esta postura, la persona es activa y protagonista. Soy el que genera todo lo que pasa. Estoy dispuesto a correr riesgos y me comprometo a alcanzar objetivos. No me paso la vida quejándome y pensando todo el tiempo, sino que actúo. Hago sin excusas lo que tengo que hacer para lograr lo que quiero. Me enfoco en el compromiso que tengo conmigo mismo.

Responsabilidad es comenzar a comprender que el camino está en ser sinceros, y saber que tenemos la habilidad para responder por lo que pasa en nuestra sociedad; que lo que nos falta para que cambie es que nos comprometamos y perseveremos en algo mayor que nosotros mismos y vayamos por el resultado extraordinario. En realidad, podemos ver la responsabilidad como un modo de hacerle frente al mundo: es la habilidad de tomar la acción en todas y cada una de las situaciones de nuestra vida.

Si tengo la responsabilidad por mi vida, genero mi vida y todo lo que sucede en ella a través de la acción y de lo que soy capaz de aprender día a día. De ese modo tenemos el ciento por ciento de la responsabilidad por nuestro aprendizaje.

La disciplina es una de las distinciones de la que mucho se ha hablado, pero que requiere su profundización y su incorporación. *Sin disciplina es imposible subir a la cima.* No solo hay que tener esmero, dedicación, empuje, sino también disciplina.

En un tiempo donde predominan los sentimientos sobre los compromisos, la disciplina no es una distinción que tenga muchos adeptos. Incluso la Palabra nos dice que, en un principio, la misma parece ser más causa de tristeza que de gozo, pero después da frutos para los que la ponen en práctica:

> *Es verdad que ninguna disciplina al presente parece ser causa de gozo, sino de tristeza; pero después da fruto apacible de justicia a los que en ella han sido ejercitados.* (Hebreos 12:11)

Esta tristeza aleja a las generaciones que emergen, debido a que buscamos todo lo fácil sin dolor y de manera automática. En ese camino la disciplina no ingresa como un modelo a seguir.

Por eso tenemos muchas personas inestables en lo emocional, personas que suben a la cima de sus responsabilidades, o de sus sueños, pero sin una base sólida, sin ampliar la superficie, sin un buen manejo de las relaciones, sin haberse disciplinado en su relación con Dios. De ahí que para subir sea vital llegar y mantenerse disciplinado[2].

APRENDIZAJE Y RESPONSABILIDAD

Estas son las dos palabras más importantes para lograr el éxito. Vivimos en un aprendizaje continuo y *conforme a*

---

2. Tomado de *Logra lo extraordinario* con el METODOCC, Serie de Héctor Teme de Coaching Cristiano y reflexiones nº1, Spanish Edition, por Amazon.com Services LLC. Más información: https://www.amazon.com/dp/B00AWVTJ2C/ref=cm_sw_em_r_mt_dp_U_7LlgFbVAMP5FS

*mi relación con la responsabilidad es que puedo ser poderoso en
cada acción que realice.*

Uno de los primeros conceptos que necesitamos tener es
la diferencia entre saber y aprender. Cuando uno elige poder
tener la diferencia en la vida personal y en un proceso de
coaching, es cuando tú comprendes. La gran diferencia es
acumular información o conocimiento. Hemos estado acostumbrados en las últimas décadas a trabajar un concepto
acumulativo, buscando que la persona que sabe sea la persona a la que le demos crédito, y la acumulación de información como ese espacio en el que con eso alcanza. ¿Por qué?
Porque veníamos de un mundo parado en el hacer.

El que hacía, luego pensaba. Basaba su logro en qué tienes
que hacer y después chequeas si lo que hiciste funcionó.

El modelo actual es "tú tienes que pensar, tú tienes que
observar". Tú tienes que chequear y luego haces. Entonces
te das cuenta de que el hacer es mucho más poderoso; la
implementación es expansiva, y no es solamente un espacio
en donde uno hace y mide resultados.

Nos ha tomado trabajo en los últimos años ayudar al
líder que solo podía medir sus pensamientos por lo que
hacía, en vez de primero dedicarse a observar y pensar, para
luego hacer.

Aprender es tener la competencia de producir resultados distintos y efectivos. Esto es como planteamos el concepto del *aprendizaje: la expansión de tu capacidad de acción*

efectiva. No es solamente saber más, sino que te puedas expandir. Estamos en un tiempo donde debes vivir en un proceso constante de estiramiento. Es una constante mirada de expansión, no de innovación, sino de expansión. Innovar en mentes viejas es traer cosas nuevas que causan problemas. Expandir es ampliarte, mejorarte en calidad, ir más allá de quien fuiste hasta ayer.

El concepto de expandirse lo que busca es sacar tu máximo potencial. Lo interesante es que "poder" se traduce como capacidad de acción efectiva.

Entonces, ¿dónde te vas a expandir? Te vas a expandir en aquello que requiere poder, en aquello que te trae poder. ¿Cómo sé, en un proceso de aprendizaje, en qué áreas necesito entrar en un proceso de poder? Preguntándome: ¿Tengo la capacidad? ¿Tengo la capacidad y la puse en acción? Esa capacidad que puse en acción, ¿está siendo efectiva? Cuando alguna de estas está fallando, ¿cómo logras que ese poder se convierta en una realidad en tu vida? Expandiéndote.

A mí me gusta pensar en el aprendizaje como un trapecio. Algunos piensan en el aprendizaje como una rueda, como un hámster en una rueda y que eso es el camino, es aprender. Yo lo veo más como un trapecio: que estamos en el primer trapecio. Somos un trapecista y nos tiramos. Sí, y vemos que el segundo trapecio está al lado y me tengo que expandir. Me tengo que estirar. Veo el trapecio, soy un trapecista y lo que hago es que me lanzo.

Aprender es una palabra compuesta de dos palabras: "a" y "prender". Sé que la manera de expandir mi capacidad de acción efectiva y poder es soltar. Todo aprendizaje requiere cambio, pero ese cambio no es solamente traer cosas nuevas. Soltar lo viejo es poder elegir, ir hacia nuevas cosas.

Ahora: en el medio hay abismo, en el medio hay incertidumbre. En el medio hay dudas. Así es el aprendizaje. Debes salir de las dudas, incluso de las seguridades que te da el saber de ayer.

Los exitosos piensan que ese aprendizaje acumulativo no les va a alcanzar, se sueltan del primer trapecio con optimismo, y van hacia el segundo. Necesitas poder soltarte e ir hacia nuevos lugares.

Lanzarte hacia la nueva plataforma, soltar la anterior, animarte a poner el cuerpo y no solo el saber te llevará a nuevos lugares de entendimiento. Esto es clave para tu proceso.

Te invito a que lo pongas en el cuerpo y lo aprendas; lo pongas en práctica cotidianamente.

¿Cómo es el camino del aprendizaje? Establezco una visión. Si quiero ir hacia un resultado extraordinario, lo primero que hago es que establezco una visión. Nadie puede llegar al lugar a donde no eligió ir. Entonces, pregúntate, ¿qué me está faltando? Quiero aprender, quiero expandirme, ¿hacia dónde voy a ir? Esto, en un tiempo de incertidumbre, requiere de un esfuerzo extra.

¿CÓMO LOGRAR PENSAR EN APRENDIZAJE?

Primero, buscamos establecer la visión. Se establece la visión. Ni hablar cuando tú eres cristiano y esa visión es más que simplemente ir por algo extraordinario, y es desarrollar y construir propósito. Esa visión es más que simplemente un sueño. El sueño más pasión, más acción.

Segundo, aparece la brecha. Al establecer la visión, rápidamente va a aparecer lo que llamamos la brecha que hay entre la visión y la realidad. Tomar conciencia de esta brecha me permite ver lo que otros no ven, mientras que los demás están accionando y tratando de resolver obstáculos. Tú estás caminando en un proceso de aprendizaje, estableciendo la visión y trabajando la brecha que hay entre la visión y la realidad.

Tercero, me declaro incompetente. El tercer punto es declararme temporalmente incompetente.

¿Qué me falta? Necesito declararme incompetente. No lo puedo lograr desde el conocimiento, desde la sabiduría, sino desde declarar mi incompetencia.

Cuarto y por último, me comprometo con el aprendizaje. Hago una declaración en donde declaro que estoy comprometido con aprender.

Cuando yo les digo que va a haber un pelotón que está adelante, debería decir: "Yo me declaro el mejor coach. Yo me declaro el mejor de mi promoción". Yo me declaro, no porque esté compitiendo con los otros, sino porque estoy compitiendo contra mí mismo, buscando mi mejor yo.

Comprometerse con el aprendizaje implica que asumo la responsabilidad.

Hay algunos que tienen un modelo solamente para tratar de no equivocarse nunca. La equivocación, el fracaso, es parte del proceso. Te invito a que busques urgentemente el libro *Conviértete en un éxito fracasando*[3] que escribió Laura Teme.

¿Cómo es ese modelo? Me permito equivocarme y hasta soy permisivo. Me lo permito para crecer, para chequear brecha, para trabajar lo que no tengo. Busco la ayuda de un maestro entrenador y le doy permiso de autoridad. Este es el camino de aprendizaje, esta es la expansión.

Esto es lo que un proceso desarrolla en la vida de la persona, no importa la circunstancia, no importa lo que le esté pasando, por peor que sea. *Cuando uno va creciendo en siendo, entiendo y me comprometo en mi nivel de aprendizaje, los procesos de pensamiento serán de otra magnitud.*

Si eliges caminar hacia ese lugar, vas a tener poder. Si eliges hacerte cargo, ser responsable, vas a poder lograrlo. Ahora: hay enemigos que están dentro nuestro, no fuera, que viven en nosotros, como, por ejemplo, la incapacidad o miedo a decir no sé o considerarme una víctima de todo; el poder estar todo el tiempo pensando que tengo limitaciones,

3. Whitaker House, 2020.

que no puedo, que soy así, que tengo que saberlo todo, que accionemos a ver qué pasa.

Nuevamente el viejo modelo de Ser/Saber/Conocer vendrá a ti buscando quedarse con tu futuro, como si solo fuera un reflejo de tu pasado.

Tú te das cuenta de quienes crecen en un proceso, los que le ponen prioridad, los que le asignan prioridad al aprendizaje. Quieren tener todo claro todo el tiempo. A veces algunos tienen sus mentes diseñadas solamente para buscar cuál es la claridad de algo, y no siempre vas a tener todo claro.

El poeta uruguayo Mario Benedetti decía: "Cuando creíamos que teníamos todas las respuestas, de pronto, nos cambiaron todas las preguntas". A veces te falta sentarte en la pregunta. No pararte en la respuesta, sino sentarte en la pregunta; tener adicción a las respuestas. La respuesta cierra lo que la pregunta abre. De las variables que deberías soltar quizás es tu manera de mirar las cosas, tu espíritu crítico, tus excusas, el confundir aprender con estar informado, y no darle autoridad a alguien para que te enseñe. Estos son algunos de estos enemigos que necesitas trabajar, y te tienes que preguntar: ¿Cuál de estos enemigos tienes? ¿Cuál debes soltar?

3

INCORPORAS EL CONCEPTO "HACERME CARGO"

RESPONSABILIDAD EXPANSIVA

De culpable a acontable,[4] de acontable a encomendado

¿Quién tiene la culpa de lo que está pasando o quién tiene el mérito de lograrlo? ¿O te haces cargo más allá de lo que esté pasando?

Me gustaría revisar contigo una porción de las escrituras en Jueces 6. Es un caso claro de cuál es tu modelo de responsabilidad. Quiero que lo lleves al cuerpo. Mira cómo empieza el relato.

> *Los israelitas hicieron lo malo a los ojos del Señor. Entonces el Señor los entregó a los madianitas durante siete años.* (Jueces 6:1)

Todo estaba mal. Como a algunos lugares les ha pasado en el último tiempo, por una razón u otra todo estaba mal. No por unos días, sino por algunos años.

---

4. Esta palabra, acuñada de la palabra "accountable" en inglés, carece de un equivalente exacto en español para aplicar a los conceptos del METODO CC. El término es una traducción libre del autor. (N.E.)

Entonces el Señor los entregó a los madianitas durante siete años y podemos decir que un montón de cosas estaban pasando. La cosa estaba mal. Existe el don de permisividad de Dios. Dios permite que ciertas cosas pasen para que uno se estire, para que uno aprenda o para que tenga las consecuencias.

¿Se acuerdan de que hemos hablado de que uno se tiene que hacer cargo y preguntarse qué es lo que me está pasando, si es una adversidad, una prueba, una consecuencia o si es un estiramiento? ¿Qué hay de todo esto? Aquí lo que vemos es que estaban en un momento difícil y en un momento difícil como el que hoy estamos viviendo. Un momento en donde puedes echarle la culpa a los chinos, echarle la culpa a Wuhan, echarle la culpa a quien te dé la gana, o hacerte cargo y ser una posibilidad en medio de la generación.

Hacerte cargo es ser acontable y esto es lo que Dios le pidió a Gedeón.

Los madianitas eran tan crueles que los israelitas hicieron escondites en los montes, en las cuevas y en lugares fortificados. Cada vez que los israelitas sembraban sus cultivos, venían saqueadores de Madián, de Amalec y del pueblo del oriente, y atacaban a Israel. Acampaban en territorio israelita y destruían las cosechas hasta la región de Gaza. Se llevaban todas las ovejas, las cabras, el ganado y los burros, y dejaban a los israelitas sin qué

comer. Estas multitudes enemigas, que venían con sus
animales y sus carpas, eran como una plaga de langos-
tas; llegaban en numerosas manadas de camellos, impo-
sibles de contar, y no se iban hasta que la tierra quedaba
desolada. Así que Israel se moría de hambre en manos
de los madianitas.   (Jueces 6: 2-6)

¿Puedo hacerme responsable cuando los crueles son los
madianitas? ¿Qué culpa tengo yo?, podría pensar alguno.
¿Puedo ser responsable cuando tengo que pensar en sobrevivir? ¿Cuando muere gente a mi alrededor? ¿Cuando la eco-
nomía está en picada? ¿Cuando el enemigo acecha?

Esta es la gran pregunta. Buscar culpables o solamente
dedicarse a hacer es parte de lo que genera más y más miseria. Dios quiere traerte, a través de este relato, un nuevo
entendimiento de responsabilidad expansiva en medio de la
crisis.

Los exitosos no están buscando culpables, sino entendiendo
en las profundidades de hacerse cargo.

¿Quién te dice que estemos al comienzo de un tiempo
como el que vivió Gedeón y el versículo 7?

Lo que me gusta es que cada vez que hay hijos de Dios
en problemas y claman, Dios responde.

Entonces los israelitas clamaron al Señor por ayuda.
Cuando clamaron al Señor a causa de Madián, el
Señor les envió un profeta, quien dijo al pueblo de

Israel: «Esto dice el Señor, Dios de Israel: "Yo te saqué
de la esclavitud en Egipto. Te rescaté de los egipcios y
de todos los que te oprimían. Expulsé a tus enemigos y
te di sus tierras. Te dije: 'Yo soy el Señor, tu Dios. No
debes rendir culto a los dioses de los amorreos, en cuya
tierra ahora vives'. Pero no me hiciste caso".

(Jueces 6: 6-10)

Dios está presente, les muestra qué pasó y les envía
hombres de Dios para que los ayuden y guíen. ¡También les
envía ángeles ministradores!

Después el ángel del Señor vino y se sentó debajo del
gran árbol de Ofra que pertenecía a Joás, del clan de
Abiezer. Gedeón, hijo de Joás, estaba trillando trigo
en el fondo de un lagar para esconder el grano de los
madianitas. Entonces el ángel del Señor se le apareció
y le dijo: —¡Guerrero valiente, el Señor está contigo!

(Jueces 6:11-12)

Otro detalle interesante. Lo primero que le dice es cuál
es su identidad y propósito. Lo segundo, cuál es el corazón
de Dios para con aquellos que eligen hacer su voluntad.

Leer estos versículos me hace pensar tanto que nos pasamos buscando culpables en vez de responsables, nos pasamos
tratando de reaccionar a circunstancias en vez de accionar
a propósitos, nos pasamos buscando que Dios nos cuide
cuando Él siempre nos dice y nos repite: "¡Yo estoy contigo!"

Uno puede pensar que si Dios se aparece y te habla, si Dios aparece y te menciona tu identidad y propósito, y si Dios se te acerca y te alienta a entender que Él está contigo, uno ya debería hacerse cargo de ese momento y salir disparado a liderar multitudes. Pero no. Gedeón muestra la naturaleza humana en medio de la crisis: cómo sufrimos, cómo nos quejamos, cómo tenemos justificaciones para todo, cómo buscamos excusas en medio de la desazón.

Recapitulemos: Se le apareció y le dijo: "*¡Guerrero valiente, el Señor está contigo!*". Solamente con esta frase tengo lo suficiente para ser responsable, para hacerme cargo. Dios me está dando la habilidad para responder. Me dice: "*El Señor está contigo*". En el caso de Gedeón ya me hubiera alcanzado lo suficiente para no echarle la culpa a nadie, para no dudar; para no tener ninguna situación. Y vean lo que Gedeón contesta.

> —Señor —respondió Gedeón—, si el Señor está con nosotros, *¿por qué nos sucede todo esto? ¿Y dónde están todos los milagros que nos contaron nuestros antepasados? ¿Acaso no dijeron: "El Señor nos sacó de Egipto"? Pero ahora el Señor nos ha abandonado y nos entregó en manos de los madianitas.*   (Jueces 6:13)

¿Y dónde estaba poniendo la mirada de responsabilidad Gedeón? ¿Quién tiene la culpa?

A ver, ángel, antes de poder hacer lo que sea, ¿por qué no me dices quién tiene la culpa de esta pandemia? ¿Y dónde están todos los milagros que nos contaron nuestros antepasados? ¿Tú pensabas que tú eras incrédulo? ¡Mira a Gedeón! Ese sí que era bravo.

> *Entonces el Señor lo miró y le dijo: —Ve tú con la fuerza que tienes y rescata a Israel de los madianitas. ¡Yo soy quien te envía!*   (Jueces 6:14)

Ve tú con la fuerza que tienes. No con el poder de las circunstancias. Ni con el poder de los recursos. Ve tú con tu interior, con quien eres. Hazte cargo. Sé responsable. Ten la habilidad para responder. Pero le agrega un punto más que hace de esa responsabilidad una **responsabilidad expansiva.** Le mencionó: *"Yo soy quien que te envía".*

No solo te pido que seas responsable, que te hagas cargo, que seas acontable de lo que sucederá, sino que tengas el entendimiento alumbrado de que yo te envío, que te encomiendo, que yo seré tu fuerza, que yo estaré allí bendiciéndote y que tu habilidad para responder no dependerá solo de tus fuerzas, ¡sino de las mías!

El diseño de Dios era no solamente darle poder al afuera, sino además, darle poder al adentro y que Gedeón le diera lugar a Su poder en él. Gran enseñanza para estos tiempos. *Tenemos que pasar de culpables a acontables y de acontables a encomendados.*

La posibilidad de Gedeón era única. Hacerse cargo. Luchar contra la crueldad desde entender que primero debía elegir tener la responsabilidad para responder, pero no solo eso, sino el comprender que no iría solo ni con su propio poder, sino que era alguien a quien se encomendaba.

Encomendar es una palabra que se define como "dar responsabilidad". No es solamente habilidad para responder, sino habilidad para responder conforme a lo que he recibido.

Uno piensa que con esto es suficiente. Ya es suficiente lo que el ángel hacía en él. Pero no. Es interesante que la palabra que más decía Gedeón era "pero". Pero es un nexo coordinante que contradice lo primero con lo segundo.

Cada vez que escuches que alguien dice "pero", por más que haya pintado bonito lo primero, lo segundo es lo que realmente está pensando.

Un exitoso no piensa así; no deja que los "pero" sean su comida cotidiana. Confía en hacerse cargo, en honrar la encomienda, en ir por más.

—Pero, Señor —respondió Gedeón—, ¿cómo podré yo rescatar a Israel? ¡Mi clan es el más débil de toda la tribu de Manasés, y yo soy el de menor importancia en mi familia! (Jueces 6:15)

Pero, Señor. Y deja que su ayer, que su pasado, que su historia se conviertan en una verdad más grande que una promesa. Probablemente te va a hablar de quién tiene la culpa o quién tiene el mérito. Pero el "pero" es ideal para que aparezcan todos los justificativos, para que aparezcan todas las razones.

Gedeón estaba con el ángel del Señor. Le había dicho hazte cargo, sé responsable. Y él eligió seguir buscando culpables.

Pero la pandemia, pero….

Pero, le dice. Pero, Señor, respondió Gedeón, ¿cómo podría yo rescatar a Israel? Mi clan es el más débil de toda la tribu de Manasés y yo soy el menor de importancia en mi familia. Entonces tú, ¿qué me vas a decir, que vives en el país más pobre, que estás en el peor momento? ¿Que no puedes ser exitoso, no por como piensas, sino por tus circunstancias, tus situaciones, tu pasado?

He escuchado gente en medio de la crueldad darle poder a la misma, y echarle la culpa de todos sus sufrimientos en vez de hacerse cargo, o mejor aun, en vez de hacerse cargo de cumplir lo que Dios le encomendó para ser exitoso. ¿Has escuchado a los que diagnostican desde la culpabilidad? Quédate inmóvil ante la crueldad y muere en silencio sin que nadie lo note, ni siquiera tú.

Hay muchísimos seguidores de este Gedeón de esta época, con peros en la boca y no haciéndose cargo, no siendo responsables, no buscando tener la habilidad para responder. ¿Y qué le responde Dios a este modelo de relacionarse?

El Señor le dijo: —Yo estaré contigo, y destruirás a los madianitas como si estuvieras luchando contra un solo hombre.   (Jueces 6:16)

¿Le dijo acaso el Señor, "incrédulo impío"? No. Dios no se queda en la queja y justificativos de no hacerse cargo ni en los niveles de pensamiento de miseria, sino que le vuelve a decir con énfasis: Yo estaré contigo, hazte cargo.

La fe en el Señor es la más grande habilidad para responder que un exitoso pueda tener. Esto es lo que nos diferencia de otros que buscan la responsabilidad en la debilidad de uno mismo. En solamente un enunciado, un acto declarativo, nosotros lo convertimos en nuestra base de poder.

Porque Dios te dice: *"Bástate mi gracia; porque mi poder se perfecciona en la debilidad".* [5]

Yo me hago cargo de mi debilidad, no de mi grandeza, pero me hago cargo a través de mi fe. Me hago cargo a pesar de ser el más chico de todos.

Dios te invita a no buscar culpables por más cruel que todo haya sido, a no solo hacerte cargo confiando en tu grandeza, sino creyendo que a pesar de tu debilidad, de ser el más pequeño de todos, tu fe puede hacer que Su grandeza y poder se manifieste a través tuyo.

Me hago cargo de lo más grande y me hago acontable por propósito, no por grandeza. Y el Señor me dice, yo

---

5. 2 Corintios 12:9.

estaré contigo, destruirás a los madianitas como si estuvieras luchando contra un solo hombre.

Esto es como si Dios dijera: "Tú que estás leyendo, que ves a tu alrededor que todo se derrumba, hazte cargo, pero no por tu poder, sino por el mío. Ve y habla, ve y ministra, ve y bendice, y las multitudes de problemas se verán pequeños y mi poder se agrandará en ti y se verá como multitudes".

Él era pequeño. ¿Qué diferencia hace? La diferencia está en si te vas a hacer cargo o no. La diferencia no es tanto circunstancia, la diferencia no está en tus talentos. La diferencia no está en tu conocimiento. La diferencia está en tu compromiso, en tener la habilidad para responder.

Díganme si no es maravilloso cómo Dios entrena a Gedeón. ¡Es tan actual! Vemos a tantos no lograrlo, solo porque viven en el hacer en vez de agrandar el ser. No porque aprendieron nuevas técnicas o conocimientos, sino porque se hacen cargo con propósito, se responsabilizan desde su compromiso a la promesa y no a la premisa.

¿Y qué es lo que Dios te dice? Yo estoy contigo y destruirás a los madianitas como si estuvieras luchando contra un solo hombre. Uno dice, ahora sí, ahora sí, ya después de tres veces. Ahora sí.

¿Qué dice Gedeón? "Si de verdad cuento con tu favor", respondió Gedeón. ¡Si de verdad! Si…¡lo pone indefinido, en duda! El indefinido no habla de hacerse cargo desde la fe, sino de buscar afuera en base a tus dudas. Ni siquiera estaba confiando en lo que le decían.

—Si de verdad cuento con tu favor —respondió Gedeón—, muéstrame una señal para asegurarme de que es realmente el SEÑOR quien habla conmigo. No te vayas hasta que te traiga mi ofrenda. Él respondió: — Aquí me quedaré hasta que regreses. (Jueces 6:17-18)

Esta parte me encanta, me encanta el incrédulo que estaba buscando a quién le echaba la culpa, que no confiaba en los milagros. Le dice "muéstrame" una señal. Pero no solo le dice esto.

"Muéstrame una señal para asegurarme de que es realmente el Señor quien habla conmigo. No te vayas hasta que traiga mi ofrenda".

Mira, yo no creo mucho en ti, pero te quedas ahí esperando. Me voy a hacer cargo otro día, pero no te vayas. Así que quédate ahí. ¡Quédate esperando! Es como si tú le dijeras a Dios: Yo sé que tengo que cambiar eso en mi vida y que tú me estás bendiciendo, pero quédate allí esperando.

Volveré…. Y hasta volveré con una ofrenda. Pero tú, Dios, dame tiempo. Me cuesta creer así rapidito. Dame tiempo. Estoy tan acostumbrado a echar la culpa, a quejarme, a buscar justificativos, que esto de hacerme cargo, y encima basado en tu grandeza y no en mi debilidad, es tan grande y diferente que necesito tiempo. Tú, Dios, quédate allí esperando que yo cambie, que yo crezca, que yo madure, que pueda digerir este proceso duro de entrenamiento de METODOCC.

He escuchado a muchos en estos años decir que sí, pero dame tiempo. Espérame aquí. Recuerdo un caso de alguien que volvió tres años después a un proceso de entrenamiento y lo primero que nos comentó fue que había sido tan fuerte el proceso que necesitaba digerirlo.

Los exitosos piensan antes para que cuando la oportunidad aparezca, ellos estén listos. No tienen su cabeza enredada, sus tiempos ocupados, su lenguaje en la solución externa. "Espérame un tantito. Ya regreso. ¡No te vayas! Vuelvo a mi vieja vida sin tu presencia y ya regreso".

ÉL respondió: *"Aquí me quedaré hasta que regreses".*

El amor de Dios es tan grande que va más allá de mis dudas y compromisos. Y me dice con la boca llena: aquí estaré esperándote. Estaré aquí, hijo, cuando decidas volver, cuando anheles estar en mi presencia, cuando solo mi palabra te alcance para creer, cuando no le tengas miedo al afuera, ni siquiera a tu adentro, y te hagas cargo por lo que yo haré en ti.

Aquí estaré…

Si tú eres de los que hoy está pensando que te cuesta hacerte cargo y ser responsable, ve y vuelve y Dios estará ahí esperándote. Ve hacia todo lo que quieres hacer, que Él te está diciendo: Yo estoy acá parado, aquí me voy a quedar hasta que te hagas cargo. Acá me voy a quedar hasta que puedas creer que he puesto poder en ti para que lo logres. No me voy a ir. Acá voy a estar.

Dime si no es un máximo ejemplo su responsabilidad. Dios le dice que lo ama. Que está con él. Que se hace cargo de la relación, no por lo que Gedeón está siendo, mucho menos por lo que Gedeón está haciendo, sino por el amor que Él le tiene. Dime si no hay un ejemplo más poderoso de responsabilidad en medio de un irresponsable.

Aquí me quedaré hasta que regreses. Entonces Gedeón fue deprisa a su casa. Mira la prisa que tenía. ¡Hizo un asado! Como buen argentino me gusta mucho hacer carne a la parrilla. Busca en cualquier receta, y hacer un cabrito puede llevar más que algunos segundos. Un cabrito de aproximadamente 6 kilos puede llevar una hora de preparación y aproximadamente unas 3 horas de cocción, más una hora de preparación de fuego, suponiendo que tuviera todos los ingredientes.

¡Espérame aquí que mínimo tardo 5 horas! Me apasiona el amor de Dios a la lentitud de sus hijos. ¿Para qué necesitabas hacer el cabrito, para que Dios te bendiga? ¡Para nada! Dios no necesitaba el cabrito. Él sí.

¡Cuántas cosas no pasan porque mi nivel de responsabilidad termina en hacerme cargo y no hacerme cargo, por próposito, por encomienda, porque Dios se glorifique en mi debilidad!

Una pregunta hubiera alcanzado. Sin embargo, él necesitó hacer el manual de la ofrenda al pie de la letra. ¡Para que nadie diga que no me ocupé, o que traté mal al ángel!

¿Ven la diferencia entre ser acontable con lo que sé y ser acontable con lo que se me pide?

Mientras, ¿dónde está Dios? Me está esperando. Lo dejé allá esperando.

> *Entonces Gedeón fue de prisa a su casa. Asó un cabrito y horneó pan sin levadura con una medida de harina. Luego llevó la carne en una canasta y el caldo en una olla. Puso todo delante del ángel, quien estaba bajo el gran árbol.*　　　　　　　　　　(Jueces 6:19)

Ahí viene toda una muestra de Dios de poder. Yo los invito a que sigan leyendo y cómo Él le sigue mostrando a Gedeón que la habilidad para responder de un creyente no está solo en su acto declarativo, sino en el poder de Dios, diciéndote, tú puedes lograrlo, hazte cargo, que, en mi poder, te dice Dios, se perfecciona tu debilidad.

¿Culpable? ¿Responsable? ¿O responsable con propósito?

Tenemos los que ante la crueldad le echan la culpa a todo. Luego, un segundo nivel, que son los que entienden habilidad para responder, pero se hacen responsables desde sus debilidades, desde su poca creencia, desde su mirada al mundo. Y, por otro lado, tenemos aquellos que sabemos que está Él que todo lo puede.

4

REVISAS TU MIRADA CONFORME A LA CULPA

Está el creador de los cielos y la tierra que ha puesto poder en ti, pero no poder en ti solamente para lo de siempre, sino para que te hagas cargo y para que ayudes a otros a hacerse cargo, a tener la habilidad para responder, a poder confiar en que ser responsable es dejar de ser una víctima y pasar a ser un protagonista.

Y esta es la diferencia.

¿Voy a ser víctima o voy a ser protagonista? ¿Voy a ser víctima o elijo ser responsable? Pregúntate: ¿Qué parte necesito trabajar, de qué parte necesito hacerme responsable?

Lo que hace exitosos a los líderes hoy no es lo que hacen, sino lo que piensan.

Piensa como ellos y pregúntate que más te pide el Señor.

A Gedeón no estaba solo diciéndole haz esto o aquello, o debes conocer cómo hacerlo. Saber o saber hacer no eran las conversaciones de ese momento. Era entender.

¿Me haré cargo desde lo que sé? ¿Me haré cargo desde lo que sé hacer?

¿O iré un paso más allá y me haré cargo desde lo que entiendo?

Porque están los que se hacen cargo desde lo que saben, y están los que se hacen cargo de lo que saben hacer. *Dios te está llamando a un paso más allá: a que te hagas cargo desde el entendimiento de que Él te empodera, que pone poder en ti.*

Existen dos tipos de mentalidades. Está la mentalidad dual, que es resultadista, que busca medir qué se hizo y quién lo hizo. Si tú vienes buscando ser responsable, pero con una mentalidad dual, vas a buscar qué lo hizo, qué hizo. Y está la mentalidad expansiva, que me permite medir gestión, relación, conexión, comprensión.

Mira lo poderoso del concepto, en donde no solamente me hago cargo o soy acontable.

Si soy acontable desde un modelo expansivo, soy acontable desde el poder que Dios puso en mí.

Yo no soy simplemente acontable porque elijo hacer una declaración de hacerme cargo. Soy acontable porque elijo hacer una declaración de hacerme cargo y además tengo el poder de Dios que me sostiene. Hacerse cargo implica estar comprometido con quienes Dios nos llamó a hacernos cargo de exponerlo en el lenguaje.

Trabajamos mucho la diferencia entre víctima y responsable. La víctima está todo el tiempo quejándose, el responsable está todo el tiempo viendo qué puede aprender. La víctima está todo el tiempo viendo qué es lo que no puede lograr y teniendo excusas. El responsable está buscando qué entiende, creciendo, eligiendo hacerse cargo conforme al poder de Dios.

En la vida uno tiene la gran posibilidad de cambiar; solo necesitas poder trabajar contigo mismo.

Necesitas poder elegir ser quien Dios te llamó a ser, para poder hacerte cargo, poder ser responsable; entrar en un proceso de responsabilidad y de aprendizaje. Si tú puedes entender estos conceptos, todos los demás se van a acomodar porque vas a vivir en un aprendizaje continuo.

Vas a vivir todo el tiempo no haciéndote cargo por lo que tú puedes lograr, sino haciéndote cargo por lo que Él puede lograr en ti. Mira la diferencia. No te haces cargo solamente por lo que tú puedes lograr, sino por lo que Él puede lograr en ti y a través de ti. De culpable a hacerme cargo, de hacerme cargo a hacerme cargo en Él.

Todavía Gedeón no estaba listo para terminar de entender el concepto de **responsabilidad encomendada.** La experiencia vivida le había ayudado a obedecer, a confiar, a salir de la culpa y hacerse cargo. Era el más pequeño de todos, sin embargo, había elegido dejar de ser una víctima y comenzar a ser protagonista. Pero todavía no estaba listo.

Me recuerda a muchos cristianos que han elegido tomar la cruz de Cristo e ir a nuevos lugares a evangelizar. Dejan atrás quien tiene la culpa de lo que nos pasa y comienzan a poner en práctica su habilidad para responder. Pero todavía no llegan a responsabilidad encomendada.

Confían en sus decisiones, confían en sus fuerzas, pero les cuesta confiar en el Dios Todopoderoso que los está enviando.

> *Entonces Jerobaal (es decir, Gedeón) y su ejército se levantaron temprano y fueron hasta el manantial de Harod. El campamento de los ejércitos de Madián estaba al norte de ellos, en el valle cercano a la colina de More. Entonces el Señor le dijo a Gedeón: «Tienes demasiados guerreros contigo. Si dejo que todos ustedes peleen contra los madianitas, los israelitas se jactarán ante mí de que se salvaron con su propia fuerza.*
>
> (Jueces 7: 1-2)

Dime si no parece una locura que Dios te diga que tienes demasiados guerreros contigo. ¡Contra el mal, nunca es demasiado!¡Y los madianitas eran como langostas! ¿Cuánto es mucho?

Pero esta era la perspectiva de Dios: seguir entrenando a Gedeón en ser un líder de crisis, en dejar de quejarse y buscar culpables, y pasar a hacerse cargo. Mejor aún, que se haga cargo de lo que se le encomienda con las fuerzas del Señor y no con las propias. Dios mismo le dice: Creerán que porque se hicieron cargo y ahora son responsables eso los hace especiales.

He enseñado responsabilidad en muchos lugares y a muchas personas. Veo sus ojos brillar cuando pueden ver que tener la habilidad para responder, dejar de buscar crédito o culpa los pone en un terreno diferente de sabiduría. ¡Pero esto es mucho más! ¡Con hacerme cargo no alcanza! ¡A ver si terminas creyendo que lo lograste por tu propia fuerza!

¡Es Dios diciéndote a través de Gedeón, "no solo quiero que dejes de mirar las circunstancias o las adversidades y te hagas cargo, sino que quiero que vayas un paso más allá y no quiero que creas que la victoria es porque tuviste fuerza!"

Por lo tanto, dile al pueblo: "A todo aquel que le falte valentía o que tenga miedo, que abandone este monte y se vaya a su casa"». Así que veintidós mil de ellos se fueron a su casa, y quedaron solo diez mil dispuestos a pelear.   (Jueces 7:3)

¡A todo el que tenga miedo! Guerreros valientes, les damos la opción de hacer un alto y volver a ver lo que pasa. Miles y miles de madianitas están allí fuera. Si alguno tiene temor de lo que le pueda suceder, que se regrese. La incertidumbre y el temor juntos son tan dañinos que pueden destruir un ejército en un instante. Veintidós mil hombres se regresaron. ¡Haga la cuenta! ¡Pongamos juntos esa cantidad de hombres! ¡Eso es mucho! Cuánta logística, cuánto tiempo, cuánto esfuerzo para que veintidós mil hombres puedan regresarse.

¡Pareciera entonces que ahora sí! Ya aprendimos. No buscamos culpables, nos hacemos cargo, dejamos en casa a los que tienen miedo y vamos a buscar la victoria que Dios nos prometió. ¡Ahora sí entonces! Quedaron solo diez mil.

Pero el Señor le dijo a Gedeón: «Todavía son demasiados. Hazlos descender al manantial, y yo los pondré a prueba para determinar quién irá contigo y quién no».

(Jueces 7:4)

Todavía no. Pasar de hacerme cargo a hacerme cargo de lo que Dios me encomienda lleva un estiramiento extra. Y les da una nueva instrucción.

Cuando Gedeón bajó con sus guerreros hasta el agua, el Señor le dijo: «Divide a los hombres en dos grupos. En un grupo, pon a todos los que beban el agua en sus manos lamiéndola como hacen los perros. En el otro grupo, pon a todos los que se arrodillan para beber directamente del arroyo».

(Jueces 7:5)

Los que lamen como perros y los que se arrodillan a beber: dos grupos. Los hábitos en las personas vienen de lo que practican, de lo que piensan consistentemente. Pareciera que hay dos grupos, uno de exitosos y otros que no. Podríamos pensar que es lo mismo. Pero para la batalla y su éxito no lo era. Algunos quieren ir con todos y con los que se pueda. Algunos van con quienes piensan en buscar culpables, son emocionales, y tienen miedo o se dedican a tener hábitos de cualquier tipo.

Dios dice que los exitosos piensan de una manera.

Solo trescientos de los hombres bebieron con las manos. Los demás se arrodillaron para beber con la boca en el arroyo. (Jueces 7:6)

Solo trescientos. Eso significa que nueve mil setecientos se arrodillaron en el lago. Eran diez mil valientes, comprometidos, entrenados, creyentes en Dios, pero todavía no están todos listos para ser más que hacerse cargo.

Entonces el Señor le dijo a Gedeón: «Con estos trescientos hombres, rescataré a Israel y te daré la victoria sobre los madianitas. Envía a todos los demás a su casa». Así que Gedeón recogió las provisiones y los cuernos de carnero de los otros guerreros y mandó a cada uno de ellos a su casa, pero se quedó con los trescientos hombres. (Jueces 7: 7-8)

Los otros en sus hábitos estaban acostumbrados a arrodillarse ante dioses paganos. Se había impregnado en su cultura. Por eso debemos cuidar de sobremanera a nuestras familias que puedan no solo aprender a hacerse cargo, sino a confiar en que es Dios quien da la victoria. No uno mismo, no algunos ídolos, no una técnica especial de hacerlo. Responsabilidad encomendada es confiar en la encomienda y el poder de esta como la fuente misma de lo que haremos.

Solo quedaron trescientos. Pero ya Gedeón no se quejó. Sabía que Dios tenía un plan. Y confiaba en Él. No bases tu responsabilidad en solo ser valiente o en hacerte cargo. Solo quedaron 300 valientes que entendían el concepto de responsabilidad, que habían elegido hacerse cargo para que Dios trabajara a través de ellos, y no solamente hacerse cargo como un enunciado, sino como gente poderosa que elegía ser o tener la habilidad para responder.

Fue con estos 300 y les dijo que ahora los 300 se van a repartir entre medio de Madián. Unos van a llevar una trompeta y una tinaja. Cuando se les diga, rompen la tinaja con velas ardiendo y tocan la trompeta. Otra locura de Dios. Los responsables no les tienen miedo a las acciones disruptivas de Dios. Cuando Dios les dice haz tal cosa, obedecen. Eso es ser una posibilidad. Y dice que los 300 rodearon las montañas.

En un momento Dios les avisó, rompieron la tinaja, sacaron la luz y con las trompetas empezaron a anunciar que allí se encontraban. ¿Qué fue lo que Dios les dijo? Toquen la trompeta como si fueran un ejército. En esa época cada ejército llevaba una trompeta, y en el medio de la noche vieron tantas luces y tantas trompetas sonando, que creyeron los madianitas que estaban rodeados por millones de personas, y se mataron unos a otros.

¿Para qué hizo esto Dios? No solo para demostrar el poder que tiene, sino para decirte que tú puedes ser más que cualquier otro que es responsable por sus propias fuerzas.

Tú puedes ser responsable por tener la habilidad de responder a lo que yo puedo hacer a través tuyo.

Un acto poderoso. Responsabilidad es mi esencia. Ese mismo. Toma tu cruz y sígueme.

¿Quién de ustedes está listo para hoy? Para negarse hoy; tomar la cruz de Cristo hoy y salir a hablar la Palabra de Dios. Para elegir ser responsable y decirles a todos aquellos que tienen su mirada puesta en las crisis, que tienen su mirada puesta en el poder, que tienen su mirada puesta en cosas de afuera, que pueden confiar en la manifestación del poder de Dios, en la grandeza de lo que Dios tiene para ti.

Sí, tú puedes. Es el tiempo de llevarlo a lo profundo de tu corazón. No solo vas a tener la habilidad para responder, para hacerte cargo. No solo vas a poder manejar la culpa o vas a poder manejar el mérito, sino que vas a poder darle gloria a Dios en cada momento y en cada situación. Todo lo que hemos visto en el último tiempo es simplemente una batalla para ver a quién le damos gloria.

Si le vas a dar gloria a Dios o gloria al diablo; si le vas a dar la gloria al Altísimo, al que te creó, o le vas a dar la gloria a cuestiones de la tierra, a símbolos, a todo tipo de cosas que te den seguridad.

Esta sigue siendo una batalla por a quién le das gloria.

Dios va a esperar solo a los 300 que elijan no arrodillarse detrás de símbolos paganos, que no tienen temor, que están dispuestos a ser responsables por el poder de Dios que está en ellos para mostrarles sus milagros, para que su corazón le dé gloria.

Los exitosos no se arrodillan para tomar agua.

Esperamos de ti que ayudes a cada persona a tu alrededor a que sean un reflejo de la gloria del Señor, a que cada uno pueda manifestar la grandeza del padre de hacerse cargo, de ser responsable para diseñar un futuro poderoso juntos, y de que nos lleve a lugares extraordinarios.

ENTRENÁNDOTE EN PENSAMIENTO PROFUNDO

¡APROVECHA, SIGUE! ESTE ES EL SEGUNDO DE MIS CUATRO REGALOS COMPLETAMENTE GRATIS para que tú también seas exitoso.

Entrénate en ¿Diferente? Para ser indiferente.

Los exitosos entienden su unicidad y la convierten en la fortaleza de su productividad. Eres único; no diferente. Las diferencias nos conducen al límite de la indiferencia, la indiferencia nos condena a una vida llena de miserias. En este proceso quiero que entiendas la estrategia del sistema contrario a la verdad, que busca enfriar el corazón humano y cómo contrarrestarlo en tu vida.

Ingresa YA a
www.desarrolladoresdeentendimiento.org/pp2

Este es mi compromiso contigo, que has llegado a este punto de la lectura, para que sigas entendiendo y no sigas siendo el mismo que has sido hasta hoy. Estos procesos de entrenamiento tienen un alto valor, pero es mi segundo REGALO COMPLETAMENTE GRATIS porque quiero que te conviertas en exitoso tú también.

5

SUMAS RESPONSABILIDAD DESDE LO QUE ENTIENDO

RESPONSABILIDAD DE ENTENDER

Puedo dejar de buscar culpables, puedo hacerme cargo y hasta puedo ser quien elija confiar en lo que Dios desea para mí, e ir por ello.

Puedo tener el corazón entregado a buscar su gloria y puedo aprender de cada situación. Pero no es igual si sé, que si sé aplicar o si además entiendo. Los niveles de entendimiento son importantes para ser acontable y vivir conforme a mi propósito.

Una de las claves de estos tiempos es no solamente saber mucho, sino ver más.

Con solo saber, ya no alcanza.

El libro de 2 Corintios, en el capítulo 4 versículo 4, nos cuenta mucho lo que está pasando en estos tiempos.

...En los cuales el dios de este siglo cegó el entendimiento de los incrédulos, para que no les resplandezca

la luz del evangelio de la gloria de Cristo, el cual es la imagen de Dios.   (2 Corintios 4:4, RVR 60)

Dice que el dios de este siglo cegó el entendimiento de los incrédulos para que no les resplandezca la luz del Evangelio. Cegó el entendimiento. No hablamos que cegó conocimiento o manera de hacerlo, sino "entendimiento". Entendimiento es cuando uno comprende. Uno ve desde lo que comprende. Comprender es cuando lo tienes incorporado, es más que saber, o saber hacer. Es cuando en ese campo o área nada queda para ti en transparencia o áreas ciegas.

Lo interesante de este versículo es que no le está hablando a la casa de Israel o a alguien en un futuro. Se refiere específicamente a este tiempo y a los cristianos de esta época. La palabra que usa allí para "incredulidad" es la palabra en griego *Apeitheia*, que se refiere a aquellos que a pesar de haber oído no creen. De esa palabra viene la palabra en español "apatía".

Algo que los exitosos no son es apáticos. Apático es aquel que no cree a pesar de haber conocido lo suficiente. Apáticos son aquellos que andan por la vida coleccionando excusas para no levantar los brazos, para no celebrar la vida, para no ver más allá que las circunstancias. A diferencia de los exitosos que resplandecen.

¡Apático en este contexto es el antónimo de resplandecer!

¿Cómo se da cuenta que uno está ciego? Porque vas al tanteo por la vida, mientras que los exitosos entienden antes. Y se ve porque resplandecen, porque el poder de Dios se manifiesta en ellos.

Yo puedo dejar de buscar culpables y comprometerme a la habilidad para responder. Puedo elegir hacerme cargo. Pero necesito salir de toda apatía. Necesito poder entender.

Lo maravilloso del versículo es que aclara quién es el que desea que pase eso en tu vida. Dice que hay alguien que buscó que estemos ciegos y es el diablo. Dice que el dios de este siglo cegó el entendimiento de los apáticos; de cristianos que están preocupados; apáticos y que andan ciegos.

¿Y cómo te das cuenta de que andas a ciegas? Porque dice que no les resplandece la luz del Evangelio.

Cuando tú ves cristianos que no lo están logrando; cuando ves cristianos que no les resplandece la luz del Evangelio, pero son cristianos, es que simplemente andan ciegos. Porque muchos tienen mucho conocimiento, pero les falta entendimiento. Les falta ver más. Cristianos que tienen conocimiento de las escrituras, que algunos llevan años de ser cristianos, que tienen a Jesús en su casa. Que han visto sanidades y milagros, pero que con eso no les alcanza. Que en medio de la necesidad salen a su vieja vida. Y vuelven con las redes vacías.

Ser cristiano es ver más, es tener convicción. Pero, además, el cristianismo tiene que ver con tu obediencia, tiene que ver con tu entrega, tiene que ver con tus niveles de compromiso. Algunos creen que ser cristiano es ser un seguidor de Cristo, cuando en realidad ser cristiano es dejarte guiar por el Todopoderoso. No es solo seguirlo o creer enÉl. Ser cristiano es dejarte guiar por Jesús.

El dios de este siglo cegó el entendimiento de los incrédulos para que no les resplandezca la luz del Evangelio. Para poder tener responsabilidad con entendimiento debo tomar conciencia de lo que pasa.Y lo que pasa es que por más que elija hacerme cargo, si mi herramienta es la ceguera no podré pensar conforme a aquello que me llevará al éxito.

La prueba del éxito de poder tener responsabilidad expansiva con entendimiento es que podamos resplandecer. ¡Eso es éxito! Que podamos ser luz en medio de la oscuridad. Que podamos ser guía para otros. Que podamos ver lo que otros no ven.

Los exitosos no solo piensan antes de hacer, sino que además piensan antes de los que saben. Porque piensan desde lo que entienden, y esto les da una mirada más profunda que solamente pensar desde lo que sé. Hoy con saber no alcanza. Lo vemos a diario: líderes con incertidumbre en medio de la ambigüedad, que no pueden hacer porque no entienden.

Si no hay responsabilidad con entendimiento, tendremos más y más gente apática que hace, pero que no le alcanza. ¿Para qué son cegados en su entendimiento? Para que no les resplandezca la luz del Evangelio.

Cada vez tenemos más gente deprimida. Cada vez tenemos más gente ansiosa. La depresión la vemos mucho en los procesos que hacemos en las diferentes organizaciones. Es interesante que antes de no resplandecer, la falta de entendimiento se nota en los apáticos. Hoy vemos cómo muchos están siendo afectados en sus cuerpos por picos adrenalínicos que producen depresión.

Si analizo los factores que llevan a las personas a ser apáticos, encontramos que muchas personas se mantienen en el nivel de pensamiento de darle poder al hacer, de que miden su bienestar por sus resultados. En siglos anteriores eso funcionaba, y producía una cuota enorme de adrenalina en el cuerpo. Con los años se comenzó a ver que muchos de estos líderes que tenían resultados también tenían una cantidad de ansiedades y depresiones extras. Se comenzó a hablar de líderes quemados.

Hoy sabemos que los picos adrenalínicos generan depresión. Si me paso el día pensando en hacer, midiendo la vida por razón o error, por reacción y tanteo; si busco que todo esté bien por el resultado que tengo, o sea, hago y luego pienso; si lo que hago estuvo bien, seguro que tendré picos de adrenalina, depresión y apatía.

Por eso no solo debemos dejar de buscar afuera las convicciones, sino adentro, y no solo hacernos cargo, sino hacernos cargo con entendimiento.

Responsabilidad con entendimiento es poder estar en cualquier situación sabiendo que Cristo vuelve. A veces uno cree que lo que nos pasa a nosotros es lo único y excepcional que pasa. No nos damos cuenta que probablemente tenemos otros ejemplos donde ya pasó.

Hubo una pandemia muy grande en el año 165 d. C. llamada la Peste Antonina. El Imperio Romano estaba en todo su apogeo y su amplitud era desde las Islas Británicas hasta Armenia.

Sin embargo, la peste se llevó un tercio de la población en los 15 años que la misma duró.

En esa época existía tres abordajes muy claros del ser humano. Los filósofos, los adoradores de dioses paganos y un grupo pequeño, pero creciente: los cristianos. Al ver la plaga, tanto los filósofos como los paganos elegían huir. Su manera de relacionarse con las circunstancias era buscar culpables, sus opiniones para ellos eran la verdad absoluta y su nivel de madurez era muy bajo. Sobresalía rápidamente el sálvese quien pueda. Los filósofos planteaban que esto era algo natural y que debía suceder. Y los muertos que se contaban en cantidades eran para ellos una estadística. Los sacerdotes de dioses paganos decían que era un castigo divino y que los dioses se ocupaban de juzgar a la multitud.

Sin embargo, los cristianos tenían tres cosas en su responsabilidad con entendimiento, que ellos no tenían. Elegían no echar la culpa, sino hacerse cargo y ser más grandes que las circunstancias, y poder llevar adelante la misión de Dios en sus vidas. Ellos tenían compasión, consuelo y esperanza. Esto les daba un entendimiento que en medio de la crueldad de una enfermedad podían resplandecer.

Tú le dices, Cristo vuelve. Pareciera que hablamos de hoy. Muchos apáticos viven con el entendimiento cegado, echándole la culpa de lo que les pasa a causas naturales o a los dioses.

Los exitosos tienen responsabilidad con entendimiento. No se dedican a poner en su lenguaje toda excusa que les aparece, y esto les permite crecer.

Los cristianos tuvieron una expansión enorme en ese tiempo. No huían de las circunstancia, se hacían cargo. Pero no solo como un acto de martirio, sino con el entendimiento de la esperanza, con el entendimiento de la compasión y del consuelo.

Muchos romanos dejaron a sus familiares moribundos y huyeron. Al regresar, los encontraron vivos y convertidos. ¿Qué había pasado? Los cristianos habían estado allí de pie, haciéndose cargo y siendo la encomienda de Dios para ese tiempo y ese lugar. Los filósofos le dijeron a todo el mundo: "Con causas naturales, esto es lo que tiene que pasar". Y la gente decía: "Pero yo te creía hasta ahora. Lo que me dices no sirve de nada". Veías a los filósofos correr y escaparse, igual que los paganos que decían que los dioses los estaban castigando.

Y estaban los cristianos. ¿Qué fue lo que hizo que el cristianismo creciera tanto en ese tiempo que los cristianos tenían consuelo? Los cristianos tenían compasión, consuelo y esperanza. El Espíritu Santo pudo trabajar con ellos y convirtieron ese tiempo en un tiempo de gran crecimiento.

También encontramos que responsabilidad con entendimiento es poder ver los cambios paradigmáticos. No puedes lograr algo nuevo mañana con los ojos del ayer.

Los exitosos piensan antes y transforman sus pensamientos.

Algunos que no logran el éxito es solo porque tienen respuestas para preguntas que ya nadie les hace. Elige dejar de preocuparte tanto por las respuestas y comienza a cambiar las preguntas.

En METODOCC en todo Iberoamérica hemos entrenado a miles en silencio para estar listos para no solo ver los nuevos tiempos, sino para ver más.

La virtualidad y la automatización son parte de nuestras vidas. El vivir comprometido a ser quien elijo ser es más poderoso que solamente ser bueno en el hacer. Hoy el lema es: *"No me comprometo porque puedo, sino puedo porque me comprometo"*. Pero seguramente te encontrarás aquellos que buscan culpables; que buscan una manera de ser y de hacer que los lleve a nuevos lugares. Este es un tiempo en donde hay nuevas cosas. Ya estamos viendo en diferentes países gente decir: "En realidad, yo no sé si quiero volver a mi trabajo como antes".

En mi libro *Sé un inmigrante feliz,*[6] en la página 62 cuento el relato de la diferencia de tener una mentalidad de trabajo o una mentalidad de producción. A finales del siglo 19, hubo una gran manifestación del sindicato de carboneros. La huelga del carbón de 1902 (también conocida como la huelga del carbón de antracita)[7] fue una huelga de los trabajadores de mina unidos de América en los yacimientos de carbón de antracita del este de Pennsylvania. Los mineros reclamaban mejores salarios, jornadas de trabajo más cortas y el reconocimiento de su sindicato. La huelga amenazaba con cerrar el suministro de combustible para el invierno a las principales ciudades de Estados Unidos. En ese momento, residencias se calentaban típicamente con antracita o carbón "duro", que produce mayor valor de calor y menos humo que el carbón bituminoso.

El presidente Theodore Roosevelt se involucró y creó una comisión de investigación y se suspendió la huelga. La huelga nunca se reanudó. Los mineros recibieron un aumento salarial del 10% y la reducción de días de trabajo de diez a nueve horas. Los propietarios consiguieron un precio más alto para el carbón. Fue el primer conflicto laboral en el que el gobierno federal de Estados Unidos intervino como árbitro neutral.

Ellos alegaban que venía el fin del mundo e hicieron la huelga cuando el carbón era el combustible que las casas

6. Grupo Nelson, 2015.
7. Consulta en línea: Wikipedia https://es.qwe.wiki/wiki/Coal_strike_of_1902

usaban para calentarse. Parecía que se hacían cargo, que tomaban la responsabilidad de lograr el resultado. Es más, en términos del hacer, lograron el resultado: tuvieron aumento de sueldos y mejora de horas de trabajo. Sin embargo, esto abrió a la necesidad de nuevas formas de combustible. Ellos decían que el mundo estaba desapareciendo, y tenían razón. El mundo estaba desapareciendo. Su mundo. Ya nadie se preocupa por el carbón y sus sindicatos.

Responsabilidad con entendimiento es comprender el mundo en el que estamos viviendo y hacerme cargo, pero entendiendo que hay cambios paradigmáticos que debo incorporar en mi manera de mirar.

El carbón dejaba de ser una fuente de combustible. Empezó a aparecer el petróleo, empezaron a aparecer otras posibilidades. Aquellos que no se reconvirtieron solo fueron licenciados en excusas de lo que ya no pasaba.

Tú estás al comienzo de una nueva época y tienes dos posibilidades: o quejarte o simplemente decir, "esto ya no funciona", "qué más puedo hacer", "qué me falta", "qué no estoy viendo".

La clave de brillar es poder preguntarme qué es lo que hacen los que están teniendo éxito, porque hay muchísima gente que lo está haciendo bien.

¿Qué es lo que ellos hacen? Las personas exitosas piensan y entienden un paso antes.

En una milésima de segundo, entienden la macrovisión de lo que está pasando.

Esa es la gran clave hoy, no solamente saber o saber y aplicar, sino ir un paso más profundo, que es entender. *Entender es cuando tengo incorporados nuevos modelos, nuevos sistemas; puedo ver lo que otros no pueden ver.*

6

APRENDES RESPONSABILIDAD CONTINUA EN EL SIENDO

RESPONSABILIDAD DESDE EL SIENDO, NO DESDE EL SER

Hemos hablado de que ya no vivimos en lo que somos, en lo que sabemos, en lo que conocemos, sino que debemos vivir en lo que estoy siendo, en lo que entiendo y en lo que me comprometo.

Hablemos más de lo que estamos siendo.

Vivimos en una cultura del ser; no del siendo. Para un mundo estático como el del siglo pasado o que buscaba la razón y única verdad de todas las cosas podía servir, pero para un mundo dinámico que entiende que hay miradas, percepciones y pensamientos diferentes debemos comprender que no "somos"; estamos "siendo".

Todos los hombres, los seres humanos, somos así. Solo vemos la mitad de la vida. Tenemos 180 grados de visión y 180 grados de ceguera. Pero más que nunca, se libra una batalla entre los que siguen pensando que uno es y se manifiesta por sus acciones, o uno que está siendo y antes de accionar, lo que primero eligió es observar.

Si solamente creo que lo mejor que puedo hacer es descubrir quién soy, me pasaré el resto de la vida incluyendo quien soy o tratando de cambiarlo.

Los exitosos piensan que no son, que están siendo. Pero esto no es nuevo. El corazón de Dios con cada uno de sus hijos fue ayudarlos a perfeccionar quiénes estaban siendo. El mismo idioma hebreo, lenguaje del pueblo elegido de Dios y revelado por Él mismo, no tiene el verbo ser o estar, sino que tiene el "siendo".

En la cultura oriental se entiende que uno va eligiendo cada día ser mejor, y aprender de lo que le pasó. La cultura occidental, con un fuerte énfasis de las culturas greco romanas y de la psicología freudiana, ha estado trayendo el concepto de que uno "es". Y si uno es, lo mejor que puedo hacer es conocerme, pero será muy difícil cambiarme, mejorarme, incorporar nuevas miradas.

Es muy interesante el encuentro entre Dios y Moisés. Moisés llevaba años de estar en el destierro haciendo una nueva vida e incluyendo que eso era así; que no se podía cambiar, que había un destino que cumplir y punto.

Allí el ángel del Señor se le apareció en un fuego ardiente, en medio de una zarza. Moisés se quedó mirando lleno de asombro porque aunque la zarza estaba envuelta en llamas, no se consumía. «Esto es increíble —se dijo a sí mismo—. ¿Por qué esa zarza no se consume? Tengo que ir a verla de cerca». Cuando el Señor vio que Moisés se acercaba para observar mejor, Dios lo llamó desde el medio de la zarza: —¡Moisés! ¡Moisés! —Aquí estoy —respondió él. —No te acerques más —le advirtió el Señor—. Quítate las sandalias, porque estás pisando tierra santa. Yo soy el Dios de tu padre, el Dios de Abraham, el Dios de Isaac y el Dios de Jacob. Cuando Moisés oyó esto, se cubrió el rostro porque tenía miedo de mirar a Dios. Luego el Señor le dijo:

—Ciertamente he visto la opresión que sufre mi pueblo en Egipto. He oído sus gritos de angustia a causa de la crueldad de sus capataces. Estoy al tanto de sus sufrimientos. Por eso he descendido para rescatarlos del poder de los egipcios, sacarlos de Egipto y llevarlos a una tierra fértil y espaciosa. Es una tierra donde fluyen la leche y la miel, la tierra donde actualmente habitan los cananeos, los hititas, los amorreos, los ferezeos, los heveos y los jebuseos. ¡Mira! El clamor de los israelitas me ha llegado y he visto con cuánta crueldad abusan de ellos los egipcios. Ahora ve, porque te envío al faraón. Tú vas a sacar de Egipto a mi pueblo Israel. Pero Moisés protestó: —¿Quién soy yo para presentarme ante el faraón? ¿Quién soy yo para sacar de Egipto al pueblo de Israel?Dios contestó: —Yo estaré contigo. Y esta es la señal para ti de que yo soy quien te envía: cuando hayas sacado de Egipto al pueblo, adorarán a Dios en este mismo monte. (Éxodo 3: 1-14)

Moisés entendió que Dios le decía: No te preocupes, hijo, dile a tu pueblo que YO SOY el único que todo lo ve, el que ve 360 grados, el que estaba con ustedes de día y de noche, delante y detrás.

Moisés y todo el pueblo de Israel sabían que ellos no lo veían todo y que estaban siendo, pero Dios que todo lo ve y que no está siendo, sino que ES, estaría con ellos. ¿Cómo no permitir que nos guíe? Moisés podía comprender la diferencia. Ellos solo verán una parte y estaban siendo. Dios era el único que lo veía todo y ERA. Eso cambió radicalmente la mirada a Moisés.

¿Por qué? Porque en el hebreo el verbo ser o estar no existe. Vea un diccionario de hebreo en las escrituras, en la Internet, en donde sea, el verbo ser no existe en hebreo. Para Dios, el hebreo es el idioma que Dios revela para Dios.

El hombre no es. El hombre está siendo. Él nos entiende que no somos, que estamos siendo.

Entonces, cuando se encuentra con Dios, este le dice: Tranquilo, yo sé que tú estás siendo, que todavía tienes cosas para trabajar, pero yo estaré contigo de día y de noche, como una nube en el cielo, como un fuego ardiente en la noche. ¿Por qué? Porque yo soy el gran Yo Soy, Yo Soy el que todo lo veo, el Omnipotente.

Tú no lo ves todo. Este es uno de los graves problemas de la gente. Se han creído el cuento freudiano de que venimos al mundo a descubrir lo que somos, cuando en realidad

Dios te dice: Tú que estás siendo y te vas perfeccionando cada día, nunca te desampararé; estaré contigo mientras sigas creciendo.

Cuando uno empieza a entender que no lo ve todo, que, aunque sepa mucho, no entiende, eso te permite empezar a mirar desde un nuevo lugar. Lo que los exitosos hacen es entender, no solo saber. Algunos saben mucho, pero entienden poco. ¿Quieres pensar de manera poderosa? Empieza a preguntarte si en esa área que estás gestionando sabes o entiendes. Te darás cuenta por qué entender significa que puedes, que ves más, que tienes herramientas que te llevan a nuevos lugares.

El que tiene la capacidad de acción efectiva, o sea, no solo la capacidad, sino esa capacidad que nos lleva a la acción y esa acción, la hace efectiva. No importa las circunstancias, toda crisis la convierte en una oportunidad.

Las grandes fortunas se hicieron en tiempos de crisis. Los grandes avivamientos se hicieron en tiempos de desazón. Este es nuestro mejor momento. Es nuestro día. Sabemos que en el futuro el Señor está volviendo.

Tengo el poder y yo no quiero ser de los cristianos apáticos que tienen el entendimiento cegado.

Me quiero preparar para ser carta viviente, para poder brillar, para que la gente pueda ver qué es lo que tú tienes. ¿Cómo es que tú haces? ¿Cómo? ¿Cómo es que Dios te bendice tanto? Y te puedo decir que Cristo en mí es la esperanza de gloria. La Iglesia va a crecer cuando nosotros nos hagamos cargo. Esta es una de las primeras cosas que vemos en aquellos que dejan de discutir por quién tiene la culpa y empiezan a hacerse cargo.

Tú sabes que lo que no está en mi lenguaje no existe. ¿De qué hablas todo el día si todo el día te quejas? Eso es lo que vas a recibir. Si todo el día estás preocupado, eso vivirás.

No, no lo sé todo, pero me hago cargo, elijo caminar. Y quiero hacerlo conforme al más exitoso de todos los tiempos: Jesucristo.

LA MÉTRICA DE JESÚS VS. LA MÉTRICA DEL DIABLO

Los exitosos piensan desde el entendimiento.

Primero ven en un microsegundo la visión y luego actúan, mientras que los otros se quedan tratando de conocerlo todo. Jesús pasó por momentos similares a los nuestros para enseñarnos cómo actuar en ellos. ¿Cómo salió Jesús de una cuarentena? Lo primero que sucedió fue que fue guiado por el Espíritu al desierto. Es un concepto que también te invito a que pienses. ¿Quién llevó al desierto a Jesús? El Espíritu. El Espíritu lo llevó a la cuarentena.

Algunos dicen que todo está mal. Una de las cosas que hacen los que entienden, los exitosos, es tener claro de dónde viene lo que viene. ¿Lo primero que se preguntan no es qué pasa, sino de dónde viene? ¿Es un ataque, una prueba, una consecuencia, una adversidad, un estiramiento, una bendición?

Quizás Dios está usando este tiempo para estirarte. Quizás Dios está usando este tiempo para probarte, para pasarte por fuego. No le echo la culpa a la suerte cósmica, al virus, al gobierno de turno. Empieza a preguntarte quién mandó a Jesús al desierto.

Jesús, lleno del Espíritu Santo, volvió del Jordán, y fue llevado por el Espíritu al desierto por cuarenta días, y era tentado por el diablo. Y no comió nada en aquellos días, pasados los cuales, tuvo hambre.

(Lucas 4: 1-2, RVR 60)

Lo mandó el Espíritu y dice que lo primero que se encontró en la cuarentena en la que estaba fue con el diablo y el diablo le dijo, ve y haz esto; lo midió. Es interesante la métrica. Los exitosos nunca usan la métrica del diablo; usan la métrica de Jesús.

Una de las primeras cosas que hacemos cuando entrenamos organizaciones es preguntarnos: ¿Cómo miras lo que miras? ¿Cómo lo mides?

Entonces el diablo le dijo: Si eres Hijo de Dios, di a esta piedra que se convierta en pan. Jesús, respondiéndole, dijo: Escrito está: No solo de pan vivirá el hombre, sino de toda palabra de Dios. (Lucas 4:3–4, RVR 60)

Porque el diablo lo primero que le dijo fue ve, haz esto y tal otro. Es interesante porque le planteó: Mira, haz esto sí, dile a esta piedra que se transforme en pan. Y Jesús le dijo: Espera, espera. No solo de pan vivirá el hombre.

La métrica del diablo es "te mido por lo que haces". Y Jesús le respondió: Escrito está: No solo de pan vivirá el hombre, sino de toda Palabra. La métrica de Jesús es cuánta Palabra de Dios tengo dentro de mí.

> *Y le llevó el diablo a un alto monte, y le mostró en un momento todos los reinos de la tierra. Y le dijo el diablo: A ti te daré toda esta potestad, y la gloria de ellos; porque a mí me ha sido entregada, y a quien quiero la doy. Si tú postrado me adorares, todos serán tuyos. Respondiendo Jesús, le dijo: Vete de mí, Satanás, porque escrito está: Al Señor tu Dios adorarás, y a él solo servirás.*
>
> (Lucas 4: 5-8, RVR 60)

La métrica del diablo es "te mido por lo que tienes". Jesús respondió: Me alcanza con tener adoración y entendimiento de quién es mi Dios. El resto me sobra.

> *Y le llevó a Jerusalén, y le puso sobre el pináculo del templo, y le dijo: Si eres Hijo de Dios, échate de aquí abajo; porque escrito está: A sus ángeles mandará acerca de ti, que te guarden; y, en las manos te sostendrán, para que no tropieces con tu pie en piedra. Respondiendo Jesús, le dijo: Dicho está: No tentarás al Señor tu Dios. Y cuando el diablo hubo acabado toda tentación, se apartó de él por un tiempo.* (Lucas 4: 9-14, RVR 60)

El diablo le dijo, a ver si puedes soportar lo que otros digan de ti. La métrica que usa es "qué piensan los demás acerca de lo que haces". Y Jesús respondió: Solo serviré a Jehová.

¿Qué métrica estás usando? ¿No será que las cosas no están funcionando porque estás más preocupado por lo que haces, por lo que tienes o por lo que dicen de ti, que, porque haya Palabra en ti, por adorar al Todopoderoso y servirle?

Una de las cosas que debemos preguntarnos cuando vamos hacia el futuro es, ¿con qué estamos midiendo ese futuro? ¿Cómo nos estamos relacionando con el futuro si empezamos a elegir?

Los exitosos piensan que están siendo, y que deben perfeccionar cada día lo que están siendo en poder vivir más en su presencia. Seguir la métrica de este mundo es medirme por lo que hago, medirme por lo que tengo, medirme por lo que otros piensan. Probablemente tienes que estar preocupado si vas a estar dejándote llevar por las noticias y estás en medio de una pandemia difícil buscando ver cómo sobrevivir. Pero puedes convertir toda crisis en una gran oportunidad para ti y para tu familia; convertir este tiempo en un tiempo en donde no solo de pan vivas, en donde lo adores y le sirvas, en donde puedas obedecerle como nunca.

Hoy me voy a poner de pie. Voy a convertir toda crisis en una oportunidad.

Voy a ser de los exitosos que piensan en medio de la crisis.

ENTRENÁNDOTE EN PENSAMIENTO PROFUNDO 3

¡SIGUE, APROVECHA! ESTE ES EL TERCERO DE MIS CUATRO REGALOS COMPLETAMENTE GRATIS para que tú también seas exitoso.

Entrénate en Vida Apacible.

El ser exitoso inevitablemente pasa por el equilibrio integral de la vida. El éxito no puede ser sostenido en medio de la turbulencia de un alma agobiada y un espíritu agotado. El desafío para todos es hacer de nuestra vida un lugar apacible donde la paz, el gozo, el disfrute de vivir y la espiritualidad, caminen juntas. En este entrenamiento te daré principios prácticos y concretos para hacer de tu vida ese lugar apacible.

Ingresa YA a
www.desarrolladoresdeentendimiento.org/pp3

Agradezco que estés perseverando y te animo a que no detengas el proceso. Persiste en cada principio, incorpóralo y vívelo con intensidad.

7

ELIGES HACERTE CARGO EN UN MUNDO DE ÚNICOS Y NO DE DIFERENTES

Cada vez hay más personas que han dejado de ser simplemente pobres, o desconectados, o indocumentados, o analfabetos, o hambrientos; ahora son indiferentes. A nadie les importan y nadie los prepara para ser mejores. Y aunque nuestros líderes sociales y espirituales desean lo mejor para ellos, nuestros líderes no están preparados y con los estándares y entendimiento necesarios para lograrlo. Fueron entrenados en el hacer y no en el ser, en buscar resultados y no en ampliar miradas, en acción y no en relación, en acabar conflictos y no en resolverlos.

Los exitosos piensan en tener una nueva manera de mirar el mundo; comprender al otro no solo desde nuestras interpretaciones, sino desde sus dolores. Quizás no tuvo la oportunidad, pero nosotros no tuvimos la capacidad de dársela.

Necesitamos preparar a nuestros líderes en:

1. Entender el mundo en que vivimos y el que viene: biotecnología, inteligencia artificial, trabajo automatizado.

2. Generar los espacios para nuevas conversaciones que nos inviten a desarrollar los estándares que necesitará este nuevo tiempo.

3. Estar listos y preparados para que todo aquel que está siendo dejado de lado, que ya a nadie le importa, que es apartado y olvidado, pueda saber que tiene una oportunidad, que hay una manera, que se puede estirar e ir por ello y que hay posibilidades para él, no solo caminando al vacío en medio de la incertidumbre, sino preparados, construyendo su identidad y pertenencia, e incorporando las herramientas que le permitirán cruzar no solo muros, sino límites, miedos, indiferencias...

Uno de los de los puntos es dejar de pensar que somos diferentes.

El truco del diablo es hacernos creer que somos diferentes; hasta la misma ONU (Organización de Naciones Unidas) lo plantea. Tenemos que aceptar las diferencias, nos dicen.

Yo me niego, lo digo públicamente. Yo no voy a jugar el juego de que somos diferentes.

No creo que eso es lo que Dios quiera que planteemos. No acepto que nos hagan creer que somos diferentes. Quizás ahora te parezca radical mi posición, pero te vas a acordar dentro de un par de años. ¿Sabes por qué? ¿Sabes por qué nos quieren hacer creer que somos diferentes? Porque si aceptamos el sistema de pensamiento de que somos diferentes, tenemos la excusa para ser indiferentes. Y esto es lo que el diablo quiere, que en la Iglesia nuestra mente se cauterice con la posibilidad de que, dado que somos diferentes, podemos ser indiferentes.

Dios no quiere eso. Dios quiere que no nos veamos como diferentes, sino como únicos. Tú eres único, tú eres única.

Dios te creó con un propósito, puso en ti una huella. Esta huella significa que fuiste hecho en serio, no en serie, y que Dios te levantó y puso a Cristo en ti, la plenitud de su poder en todo tu cuerpo.

Dice que te hizo, que te creó, que te pensó, como un poema, creado para buenas obras.

No somos diferentes y como somos únicos, tratamos a cualquiera como único.

La robotización, la automatización, el trabajo inteligente están haciendo que usen la pandemia como una excusa para sí estando, pensando en despedir a cuatro, echemos a ocho.

Total, automatizamos. Y nadie se preocupa. Aparecen 8 personas únicas, creadas por Dios para buenas obras y para resplandecer en la calle. Y justo pasamos por allí. Pero, como aceptamos que somos diferentes, tenemos la excusa para ser indiferentes. Él se lo eligió, pensamos, por algo le debe ir así. Cuando en realidad somos únicos y tenemos el inmenso privilegio de poder servir al otro y hacerlo de una manera poderosa.

La aceptación de que somos diferentes es el contexto ideal para la aceptación de la indiferencia. Jesús ya planteaba esto cuando habló sobre el hombre que estuvo tirado porque fue atacado por ladrones. Pasó un religioso, pasó un escriba y ninguno se detuvo. Sin embargo, pasó un samaritano y lo recogió, lo asistió, le dio de comer, lo llevó a un hotel, pagó sus cuentas y se ocupó de él.

Cuando Jesús estaba hablando esto, se dirigía a quienes tenían una mirada muy especial sobre los samaritanos. Los samaritanos habían sido un pueblo que provenía de la misma promesa que Dios les hizo a las tribus de Israel. Pero eligió no hacer lo bueno y entregarse como pueblo a adorar dioses paganos. Para los judíos ya no eran parte de su pueblo, que les traía problemas. Eran peor que eso. Para ellos ya no existían. Llegaron al punto de que eran tan indiferentes a los samaritanos que ni siquiera pisaban su tierra. Para llegar a Galilea elegían ir por un camino más largo con tal de no atravesar Samaria.

Cuando Jesús les habló, les estaba diciendo, aquel que para ustedes es indiferente fue el que ayudó al hombre que estaba caído. ¡Él fue quien eligió ser una posibilidad! Esta es la manera de Jesús mostrarles que todos eran únicos e importantes; que los samaritanos no eran diferentes.

Los exitosos, cuando se relacionan con otros, no lo hacen a través de sus prejuicios, sino de tomar a cada uno como especial, como único, con quien poder generar acuerdos y diseñar futuro.

Piensan desde la responsabilidad, de hacerse cargo de que Dios sea glorificado, entendiendo, siendo, tratando a cada uno como único, eligiendo ser protagonista.

8

DEFINES. AHORA VAS POR TUS RELACIONES. LAS DEFINES.

RELACIONES

Los exitosos hoy entienden que ya no nos relacionamos por lo que hacemos, sino por lo que somos.

Stephen Covey, al comienzo del milenio, comentaba: "No me digas lo que te importa, sino dime cuánto te importo". Las épocas estaban cambiando y la manera de relacionarse comenzaba a ser tan importante como la manera de actuar. Escuchamos el famoso dicho en las organizaciones: "Te contratamos por lo que haces, te despedimos por lo que eres".

En épocas pasadas las personas se juntaban con aquellos que hacían las mismas cosas, para tener un resultado en común. Sí, hasta "ideales" era una manera de plantear lo que queríamos que sucediera. Hoy buscamos un bien común que parta de la manera que entendemos el mundo y nos relacionamos desde lo que observamos, antes de pensar en lo que hacemos.

Los exitosos piensan que las relaciones deben ser trabajadas en un contexto poderoso, con un nivel de madurez relacional, en un entendimiento del multiverso, y con lenguaje y herramientas de chequeo de estándares. También que es tiempo de basar relaciones en nuestros compromisos y no en nuestras expectativas.

Si eres de los que caminan por la vida relacionándose por objetivos, o sin tener en cuenta los contextos en los que trabajaremos, o pensando que todos pueden tener el mismo nivel relacional, o pensando que las opiniones y valoraciones son comunes a todos y son verdades absolutas, es muy probable que tengas problemas en tus relaciones.

Los exitosos entienden que deben pensar desde nuevos abordajes que los hará disfrutar los niveles relacionales como nunca.

¡Qué bueno que estás aquí preparándote! Avancemos…

Los exitosos entienden que hay diferentes modelos de relación y se ocupan de generar el contexto necesario para eso. Entienden que el universo no es tal y que es un multiverso, y que el mismo es interpretativo conforme a la mirada de cada ser único en este planeta. Por eso se dedican a chequear constantemente sus miradas: de dónde provienen y para qué propósito, así como se dedican a chequear los estándares que los llevará a generar acuerdos. El 90 por ciento de los problemas de hoy no son por diferencia de miradas, sino por no estar de acuerdo con los estándares bajo los que valoramos lo que hacemos, o aquello en lo que nos comprometemos.

La relación de los exitosos con otros está determinada por niveles de compromiso, niveles de entendimiento y niveles de acuerdo.

ENTRENÁNDOTE EN PENSAMIENTO PROFUNDO 4

¡SIGUE, APROVECHA! ESTE ES EL CUARTO DE MIS CUATRO REGALOS COMPLETAMENTE GRATIS para que tú también seas exitoso.

Entrénate en Herramientas lingüísticas.

Un exitoso conoce el poder del lenguaje y se prepara para que sus conversaciones sean poderosas, productivas y conducentes al desarrollo de la visión estratégica. Quiero enseñarte cómo ser efectivo en la utilización de las herramientas lingüísticas, los contextos conversacionales necesarios para que te abran posibilidades eficaces para alcanzar logros, y no sean limitantes en lo que buscas conseguir. Busco que entiendas el uso de los tipos de lenguaje y los actos lingüísticos que requieres manejar para ser un generador de relaciones que maximicen los resultados en todo lo que emprendas.

Ingresa YA a
www.desarrolladoresdeentendimiento.org/pp4

9

COMIENZAS A PRACTICAR NUEVOS CONTEXTOS Y NO SOLO CONTENIDO

CONTEXTOS Y CONVERSACIONES

Los exitosos piensan antes de hacer. Y entienden que los contextos no se esperan; se generan.

Uno se debe hacer cargo de elegir en qué contexto se va a mover, va a conversar, va a accionar.

¿Por qué es tan importante la generación del contexto? ¿Por qué nosotros debemos elegir el espacio en el que queremos movernos?

El contexto me permitirá construir el modelo de comunicación que requiero para una relación poderosa; para ser comunicadores del tercer milenio. La clave no es tener razón, sino estar presentes con el primer paso con el cual nos movemos.

Me gustaría que analicen conmigo la importancia de la creación de contextos.

Entrando en la casa, no dejó entrar a nadie consigo, sino a Pedro, a Jacobo, a Juan, y al padre y a la

madre de la niña. Y lloraban todos y hacían lamenta-
ción por ella. Pero él dijo: No lloréis; no está muerta,
sino que duerme. Y se burlaban de él, sabiendo que
estaba muerta. Mas él, tomándola de la mano, clamó
diciendo: Muchacha, levántate. Entonces su espíritu
volvió, e inmediatamente se levantó; y él mandó que se
le diese de comer.   (Lucas 8: 51-55, rvr 60)

Lo que hizo fue generar un contexto que solo permitió que la gente generara el contexto. Jesús se dedicó a Él; generar el contexto no dejó que las circunstancias lo tengan. No supuso que vendría un mejor momento. ¿Han escuchado esa, los que esperan que los contextos se generen solos? Él lo habló conforme a circunstancias. Él habló conforme a sus compromisos y Él habló conforme a su visión del futuro.

¿Cuántas veces te ha pasado que esperaste que el contexto apareciera para generar algo?

El contexto nos inspira, se genera. Jesús no permitió que la gente generara el contexto. No dejó que ni una situación, por más importante que sea, lo tenga. No supuso que vendría un mejor momento.

Muchas veces dejamos en manos de otros o de situaciones los espacios, los momentos, los contextos en donde vamos a vivir bendición. *Los exitosos piensan antes en generar, en buscar, en desarrollar contextos.* Para construir un futuro de poder, debes hacerte cargo de construir los contextos en donde accionarás, valorarás, declararás, debatirás. Si permites que el contexto quede supeditado a la emoción o a la circunstancia, saltarás de una a otra todo el tiempo.

Hay algunas variables importantes para generar contexto.

Primero, no esperar que las circunstancias se desarrollen. Muchas veces cuando la situación es propicia, la oportunidad ya no está. Jesús los sacó a todos y diseñó el contexto que Él quería. No pensó que en algún momento van a dejar de llorar y quizá se vayan.

Segundo, no esperar que la gente que no es madura o que se burla de las situaciones esté siendo protagonista de la bendición. Cuando uno ve que los que están a tu alrededor no están a la altura de las circunstancias, uno va hacia adelante. No espera que los demás maduren.

Pareciera que los líderes solo están acompañados en lo ordinario y viven solos en lo extraordinario.

Que lo ordinario de estar en asistencia social hace que uno esté alrededor de mucha gente, pero que lo extraordinario de ayudar a las personas a tener fe hace que uno esté solo o con unos pocos que creen contigo. Uno no está solo; Dios está listo para los contextos de bendición. Solo hay que sacar el pie del bote.

Tercer punto en la importancia de la generación de contextos: genera espacio. Jesús no los sacó con señas, les dijo.

Él abrió su boca, hizo que cada palabra que saliera se convirtiera de un contexto ordinario, en un contexto extraordinario para que la bendición fluyera.

No esperes que el espacio se genere solo. Usa palabras de acción cuando el contexto está generado.

- Uno habla desde el milagro, no desde la limitación.
- Uno habla desde el éxito y no desde la no posibilidad.
- Uno habla desde la oportunidad y no desde el problema.

Eso nos muestra que *el contexto no se espera; se genera* y cuando uno lo hace, la bendición aparece.

Piensa antes en ser un generador de contextos, comenzando a prepararte en contextos conversacionales.

¿Cuál es la postura de un exitoso ante una conversación?

Primero, ser posibilidad. No nos paramos en un contexto generativo desde el límite. Nos paramos desde la posibilidad.

Segundo, no entendemos el dar o la generosidad como una relación de intercambio. Lo entendemos como un estar presente para el otro.

Tercero, nos ponemos en disposición constante de servicio para el otro. Esto es lo que va a ayudar a la generación de un contexto.

Cuarto, te mantienes enfocado en la oferta para el otro, acompañándolo y ayudándolo en el logro. Esto también ayuda en esa generación de contexto.

Quinto, creamos ambientes de compromiso y soporte, propiciando que los demás puedan elegir y expresar lo que sienten.

Y último, la generación de contextos de bendición requiere de una actitud de entrega constante, una tensión que exige salirse del propio interés y un cuidado por el otro a cada momento. Es estar en el otro el que te va a permitir ayudar a la creación de contactos poderosos.

Debemos ser especialistas en generar contextos a través de la conversación, no solamente participar de ellos y generarlos. Debemos entender que el diseño de conversaciones es la clave.

Nos han escuchado enunciar la frase "estamos a una conversación de distancia de cambiar el mundo" que por cierto no es mía, aunque tampoco sé de quién es. Cuando decimos que estamos en una conversación de distancia de cambiar el mundo, deberíamos decir también que *estamos a un compromiso de distancia de generar el contexto de bendición que la gente necesita.*

¿Cómo establecemos estos contextos conversacionales?

Establecemos estos contextos conversacionales cuando empezamos a elegir en qué espacio me voy a comunicar y en qué conversación voy a estar todo el día. Y quizás preguntarte las conversaciones que mantuviste la última semana, cuáles elegiste y cuáles no elegiste. ¿De cuáles conversaciones formaste parte? ¿O en cuáles dijiste: qué hago yo metido en esta conversación? ¿O cuáles verdaderamente las elegiste y formaron parte de tu conversación?

Hay diferentes tipos de conversaciones: las de relación, las de acción, las del diálogo, la de intercambio de opiniones, las de debate. Empieza a preguntarte: ¿En cuál de estas conversaciones quieres estar?

¿No te ha pasado que de repente estaba todo bárbaro y te encontraste en el medio de una conversación de murmuración? Y tú dijiste: "¿Qué hago aquí? ¿Cómo llegué hasta acá?".

Quizás sea hora de decirle a esa persona: "Yo no elegí, no elegí estar acá, discúlpame". Ni siquiera darle una excusa. Sí, disculpa. Y me dedico a generar un contexto de bendición.

GENERAR CONTEXTOS

Un hombre llegó a la estación del metro en Washington, DC, y comenzó a tocar el violín. Durante los siguientes 45 minutos interpretó seis obras de Bach. Mientras pasaban por esa estación algo más de mil personas, transcurrieron tres minutos hasta que el violinista recibiera su primera donación. Una mujer arrojó un dólar en la lata y continuó su marcha. Algunos minutos más tarde, alguien se puso contra la pared a escuchar, pero enseguida miró su reloj y retomó su camino. Durante la hora que el músico tocó, solo siete personas se detuvieron y otras 20 dieron dinero sin interrumpir su camino. Nadie se dio cuenta, pero el intérprete que estaba de incógnito era el famoso violinista estadounidense Joshua Bell, uno de los mejores músicos del mundo, tocando las obras más complejas que se han compuesto para un violín, que estaba tasado en $3,5 millones.

A veces la mejor orquesta en el peor contexto puede pasar desapercibida. La generación de contexto es tan importante como lo que suceda con el propio texto. A veces ni siquiera tenemos en cuenta la creación del contexto; solo voy tras un objetivo, o tras decir lo que pienso, o buscar una acción.

Abraham Lincoln decía: "Dame seis horas para cortar un árbol, y pasaré las primeras cuatro afilando el hacha". A veces estamos muy ocupados en cosas que creemos que son más importantes, pero no nos preparamos, no nos dedicamos a generar el contexto.

Hay diferentes tipos de contextos, como hay diferentes tipos de conversaciones. Vamos a profundizar primero en los diferentes tipos de conversaciones que hay.

CONTEXTOS PARA LA RELACIÓN

Primero tenemos contexto para la relación. Es un espacio que generamos para poder iniciar conversaciones para el contexto en el que suceden las conversaciones. Es en sí la relación entre las partes, pero para tenerlas debemos cuidar la forma en que emitimos juicios y declaraciones. Lo haces cuidando la forma en que emites juicios, declaraciones y afirmaciones, y sirve para abrir posibilidades con aquellas personas que, a nuestro juicio, están cerradas a la comunicación o no están listas para mantener conversaciones para la acción.

Al generar contextos para la relación, buscamos dedicar tiempo a la relación, escuchar, porque las conversaciones para la relación son claves en este proceso de ir generando los espacios y los contextos que necesitamos para ir hacia nuevos lugares.

CONTEXTOS DE REFLEXIÓN

Luego tenemos las conversaciones o los contextos de reflexión. Es un espacio de cuidado, en el cuidado de la situación, en la búsqueda. Lo que buscamos es la factibilidad de las posibles acciones y están compuestas por espacios de diálogo.

DIÁLOGO

¿Qué es el diálogo? El diálogo es una exploración conjunta de un tema importante. Por eso el diálogo, no monólogo, no se pone en conjunto. No es que uno hable y el otro escucha. Ambos hablan y exploran conjuntamente.

El siglo pasado en la era de la razón todo el mundo estaba entrenado en buscar la verdad, y el acuerdo se producía cuando nos encontrábamos. El punto de acuerdo era la verdad, pero se marchó la era de la razón y entramos raudos a la era de la relación.

Una de las cosas que más ha sucedido en el siglo XXI al perder la era de la razón, es que empezó a existir la suposición como una herramienta de lenguaje. La gente cree que suponer es una herramienta lingüística y lo que hace el diálogo es ayudar a eliminar supuestos. Por eso necesitas chequear en contextos de reflexión las opiniones de cada uno. La posibilidad de escuchar a los otros e indagar el porqué de sus juicios, de sus opiniones e interpretaciones es un excelente espacio para eliminar supuestos.

Mientras que antes uno se dedicaba a buscar la verdad, y las conversaciones describían los hechos o las afirmaciones, hoy debemos caminar en crear contextos que nos permitan ver más y entender lo que el otro dice, de dónde lo dice, para qué lo dice, por qué lo dice, cómo lo dice, a quién se lo dice, cuándo lo dice. Y los contextos de reflexión y diálogo son una puerta abierta a liderar poderosamente, dado que hoy ya no lideramos acciones o programas; lideramos acuerdos.

Los contextos de reflexión generados nos ayudan también a poder limpiar conversaciones, a ir más allá de solo escucharnos y conocer verdades, sino poder construir juntos el mundo en el que queremos vivir.

Una de las cosas que sucede más comúnmente es que vemos a personas saltar de conversación en conversación, buscando la única y preciosa razón absoluta sobre lo que está sucediendo o debería suceder, cuando sabemos que la misma está influenciada por tantos factores. Por eso convertirnos en expertos en manejo de conversaciones y de contextos de reflexión se torna imprescindible para el desarrollo organizacional de las próximas décadas.

SUSPENDER, NO SUPRIMIR, Y LUEGO SOPESAR

El diálogo es un espacio para exponer juicios y afirmaciones. Te digo lo que veo, pero también te muestro los hechos. Hay algunos que entienden el diálogo solo como opinión; opinan. Su postura es: esta es mi opinión y me tienes que respetar.

Los exitosos no se quedan probando opiniones, sino fundándolas.

¡Cuántos pasan por el camino de buscar conversar, pero no llegan más allá que a verter sus propias opinions! Y cuando no hay un compromiso a un diálogo productivo, las emociones te hacen pensar que no necesitas más que mostrar tus razones. En el diálogo, esfuérzate en dar valoraciones con fundamento en hechos. Desarrolla hechos concretos. La manera de profundizar es que haya tantos juicios fundados como hechos concretos.

¿Qué condiciones hay para generar un contexto de diálogo poderoso en la generación de nuevos espacios?

Lo primero es que tiene que haber suspensión de juicios, lo cual no es no tener juicios. Algunos creen que el modelo de poder dialogar depende de que suprimamos nuestras miradas y tomemos la de otros. Es imposible la supresión de juicios porque son automáticos. Puedo tener una actitud abierta a escuchar al otro y suspender, no suprimir; ponerlos en suspenso para poder escuchar la opinión de los demás.

A pesar de creer y sentir que todo lo que digo está en lo correcto (así nos pasa a todos los seres humanos), elijo abrirme a la mirada del otro para poder sopesarla. Pongo en suspenso mis propios pensamientos y conversaciones, y lo escucho y empiezo a estar dispuesto a conversar sobre mi mirada y sobre la mirada de los demás.

De la era de la relación pasamos a la era de la **conexión**. Más que nunca aun debemos buscar escuchar miradas, así como percepciones, estímulos y distinciones. La era de la conexión trae involucrada la de la pasión, perdiendo la era de la compasión que el modelo relacional traía. Se está cambiando la cultura, por lo menos en los Estados Unidos, y probablemente esto nutra al resto del mundo. ¿Se está cambiando compasión por pasión? Hay gente muy apasionada por ideas y acciones, y han menospreciado la compasión.

Sin embargo, el estar para el otro y su modelo, nos guste o no, es un modelo que va a primar en los próximos años. Tengo que suspender mis propias conversaciones; un diálogo poderoso. Ve al otro como un colega. No importa la función que tenga, no importa si es el presidente de la nación, no importa si es el que está limpiando el baño. No importa si es un multimillonario o alguien que le falta recursos. La profundización en el diálogo se produce cuando no hay jerarquías. También se profundiza cuando no hay egos o necesidades involucradas como prioridad.

La suspensión de todo juicio u opinión implica también aquellas que vienen cargadas de circunstancias, de emociones o de necesidades imperiosas. Suspender todo juicio no implica solamente suspender las opiniones que tengo de ti. Implica suspender las opiniones que me tienen a mí, que no me permiten ver otra opción que la mía.

Encontramos personas que no logran el éxito en las conversaciones porque piensan que un diálogo es dejarte hablar para luego contarte mis verdades, o lo que siento. *Un diálogo poderoso será un contexto de suspensión de opiniones y miradas, y un profundo deseo de sopesar la mirada del otro.*

Entender al otro como colega, suspender opiniones y sopesar miradas me llevará a un nuevo nivel de conversación. Esta es la manera de pensar que tienen aquellos que pueden generar contextos de diálogo. ¡Puedes practicarlo! Si eres un líder, pregúntate cómo estás conversando y más aún, cuándo tienes preconceptos con la persona o la situación.

Una conversación de diálogo poderosa es cuando veo al otro como un igual. Eso no quiere decir que sea un igual. Respetamos, entendemos funciones. También es un compromiso de un mantenimiento del contexto del diálogo. Para eso tiene que haber un compromiso.

Ustedes se van a dar cuenta, y por eso son tan importantes los niveles conversacionales, de que cuando no hay un compromiso de mantener el diálogo es cuando los diálogos se van rápido a la acción o se pierden. Hay personas que vienen con la conversación de que son hiperactivas. He escuchado a muchos decir: "Tengo deficiencia de atención y no voy a poder escuchar más que un poquito". Mentira. Son egocéntricos que solo te escuchan cuando algo les interesa, o gente que no ha sido entrenada en tener una conversación o un diálogo poderoso; o personas que se pasan el día creyendo que porque son multitarea deben escucharte con una oreja y el teléfono en la otra. Revisan chat o mensajes mientras están contigo, solo porque dicen que fueron entrenados a tener multitarea.

No es cierto. Solo son personas ansiosas y con falta de entrenamiento a generar diálogos poderosos. Invítalos hoy mismo a hacer un entrenamiento de lenguaje en METODOCC y verás cómo podrán ser hiperactivas, mantener ese modelo de acción, pero con un compromiso y entrenamiento a la atención eficiente.

Por eso el diálogo es un contexto que se genera, no que se espera. Solo debes usar las herramientas que ya te dimos en este libro para la generación de contextos de bendición. Y verás que no hay hiperacción o multitarea que pueda contra un diálogo poderoso.

Cuando estoy en un diálogo, no en un contexto de relación, en la conversación se mantiene el compromiso a la condición de diálogo, a diferencia de un contexto relacional. Cuando queremos profundizar a esa reflexión poderosa le ponemos un tiempo y nos comprometemos a mantener las condiciones del diálogo. El diálogo no tiene declaraciones; tiene afirmaciones y juicios.

DEBATE O DISCUSIÓN

Otro contexto de reflexión, más que discusión, sería debate. Discusión suena como muy negativa; a discutir suena si tienes un problema conmigo, o yo tengo contigo. Debate suena como algo bueno. Vamos a debatir nuestras ideas. ¿Qué es un debate? Es otro espacio de conversación, de reflexión.

Acá definimos las líneas posibles de acción en el espacio. El debate implica escuchar atentamente, abrir un espacio para las declaraciones y juicios.

En el debate ya hay declaraciones, y comienza la danza de los pedidos y ofertas. En el diálogo tenemos juicios y afirmaciones, y las condiciones del diálogo de suspender juicios: verse como colega y compromiso. Para que el debate sea poderoso, debemos vernos como colegas y estar comprometidos a la conversación.

Hay diferentes maneras de abordar o generar un debate.

1. Debate talentoso
2. Debate cortés
3. Debate tosco
4. Debate crónico

Son cuatro modelos de debate diferente. Obviamente debemos tener la habilidad de tener debates talentosos.

También debemos tener la habilidad de escuchar cuando un debate es un debate tosco o crónico, y salir de ahí o buscar cambiarlo; mínimo saber que es un debate que no nos llevará a ningún lado.

Los exitosos piensan que los debates corteses nos alejan de llegar a coordinar acciones porque hay conversaciones internas, columna izquierda o de descalificación. O pensamos que tenemos razón o no nos queremos jugar porque el otro tiene más autoridad. Entonces vienen comentarios corteses que mantienen la relación, pero que no sirven para ir hacia lugares más poderosos. ¿Y cómo te gusta? ¿Cómo me queda este traje rosa? Muchos entran en procesos de hipocresía creyendo que eso les ayudará a mantener el diálogo. Esto sucede mucho con la retroalimentación.

Una de las áreas en donde más fracasan los líderes es en la falta de retroalimentación, porque viven rodeados de debates corteses, en donde la gente que está alrededor no se anima a decirles a la persona lo que probablemente deberían poder decirles. Debes tener este tipo de espacios de pensamiento antes de la acción, que te permitan ver las áreas que no están bien, y poder no estar comprometido a tener un debate cortés, sino uno productivo.

Un exitoso piensa antes en lo que no está viendo, y busca crear contexto que lo lleve a nuevos niveles de gestión.

Luego están los debates toscos, esas discusiones arrebatadas que nos alejan a todos de tomar acciones efectivas.

Cuando te das cuenta, estás en un proceso de conversación que te está alejando de una acción. Es mejor correrse de allí.

Después tenemos lo que llamamos las conversaciones crónicas. Nos pasamos hablando de algo sin tener intención de buscar un diseño axial. Uno escucha mucha gente que en diferentes casos se pasa todo el tiempo detrás de diferentes tipos de conversaciones crónicas. Este es un escalón donde las conversaciones nos alejan aún más de poder llegar a la acción efectiva. Es un escalón que te da la posibilidad de una conversación, así que tenemos contextos de relación, contexto de diálogo y contextos de debate. En el primer componente y la invitación tiene que haber una invitación a un diálogo en un debate.

La importancia de generar contextos es también para poder comprender que en tiempos de relación, los debates deben tener a todas las partes involucradas y comprometidas con generar un debate de bendición.

Entre la gente con la que me relaciono todo el tiempo, tengo una persona que yo sé que si me pongo a conversar con ella me lleva siempre mínimo media hora y con conversaciones que son intensas.

Primero necesito trabajar el espacio, el contexto.

El segundo punto para que un diálogo sea poderoso es escuchar. Tiene que haber una escucha activa. Si escucho desde lo que no sé, escucho desde lo que no sé que sé.

Tercero, tiene que haber suspensión de juicios.

Quiero formar parte del debate, no desde desde la pasión o el favor de defender una idea. Lo quiero hacer desde que Dios pueda trabajar conmigo, y desde ese lugar moverme y reflexionar sobre eso. Esto es importante y acá se van a dar cuenta dónde están parados, por si tienen dudas.

En el diálogo hablamos de cómo estamos. En el debate, de cómo queremos estar.

El diálogo está relacionado con el análisis situacional.

El debate está relacionado con el diseño de acciones.

Ojalá lográramos llegar a organizaciones que pueden decir: "Vamos a tomarnos un tiempo de reflexión, y todo el mundo entiende que solo se puede usar juicios y afirmaciones.; que buscamos la voluntad de Dios, que nos permitimos en respeto, escucharnos".

Vamos a entrar a un debate o entramos en declaraciones, pero también entendemos que tenemos que suspender nuestros juicios, ser una posibilidad para el otro y que hay un énfasis en la acción. Peor cosa cuando hay gente que se pasa la vida solamente parado en la afirmación y no la declaración.

Ya hay tiempos para el diálogo, hay tiempo para el debate, acción, diálogo y tiempo para la reflexión. Entonces, no es solo entrar en un espacio de reflexión constante en la vida. Hay otros contextos que también son interesantes.

CONTEXTOS DE VALORACIÓN Y OPINIÓN

¿Qué sé de los juicios personales? Otro de los contextos relacionales fundamentales en el lenguaje que los exitosos piensan es generar buenos contextos de valoración.

Primero, trabajamos los juicios y su fundamento. Entiendo que no son verdad, sino apreciaciones que debo validar. Elijo hacerlo, usando los cinco pasos para fundar un juicio.

En nuestro libro *Logra lo extraordinario*, en la página 21, hablamos sobre cómo fundar un juicio.

Los juicios y valoraciones son claves en el lenguaje de las personas y nos sirven para darle color a la vida. Las afirmaciones describen, las declaraciones cambian el mundo y los juicios dan color. Tenemos el contexto para preguntarnos: "Él piensa así. ¿Tú cómo lo ves? ".

Las opiniones, las miradas, los juicios, las valoraciones deben ser tenidas en cuenta a la hora de pensar antes.

10

CHEQUEAS Y TE PREGUNTAS SI LOS NIVELES DE MADUREZ DE LA RELACIÓN SON LOS CORRECTOS

ELEVA LOS NIVELES DE MADUREZ RELACIONAL

Quiero traerte en este momento algunas preguntas que me he hecho y que te invito a que tú también te hagas:

¿Cómo están mis relaciones?

¿Crees que como dice la Biblia, estamos en el tiempo en que el amor se enfriará?

¿Miro desde el filtro correcto mi relación con otros en la adversidad?

¿Estoy siendo lo poderoso que podemos ser?

¿En quién me convertiré después de la pandemia?

¿Con quién llegaré?

Sabemos que las cosas están difíciles. Todo el mundo tiene un sentido de supervivencia que les aflora, todo el mundo tiene emociones fuertes, todo el mundo tiene diferentes tipos de pensamiento, además de las circunstancias cotidianas y extraordinarias.

¿Cómo respondemos a esto?

Laura en su libro, *Conviértete en un éxito fracasando*, decía que no importa la crisis si no en quién te conviertes después de ella. ¿En quién nos estamos convirtiendo? Yo quiero agregarle hoy: ¿Con quién llegaré?

En METODO CC enseñamos que las personas tienen diferentes niveles para relacionarse.

En la cima del resultado extraordinario necesitamos ser muy agudos en nuestra relación con otros y en nuestra manera de ir hacia la visión. ¿Qué hemos descubierto a través de los años? Personas con talentos y con una misión y visión claras, pero con un nivel relacional bastante bajo.

¿Los niveles relacionales han cambiado? ¿Te sigues comportando en el mismo nivel relacional que antes de la pandemia? ¿Mismos amigos, mismo grupo, mismo trato?

Deberíamos preguntarnos si nuestro modelo relacional es el que elegimos tener o es el que estamos reaccionando a tener. Hoy, en medio de la crisis, en la niebla de guerra, lo que está sucediendo es que muchos que habían avanzado en modelos relacionales retrocedieron. ¿En qué nivel relacional se encuentra tu gente? Yo te lo pongo en siete diferentes niveles en los que pueden estar.

Nivel 1, solo piensan en ellos.

Nivel 2, solo piensan en su familia.

Nivel 3, solo piensan en su tribu.

Nivel 4, solo piensan en sus principios.

Nivel 5, piensan en sus ideales.

Nivel 6, piensan en sus propósitos.

O un nivel de santidad, el **Nivel 7**, que piensan en negarse a sí mismos.

¿En qué nivel tú te encuentras y en qué área tuya? Quizás no te diste cuenta, pero la crisis, ¿en qué te convirtió? ¿En un líder que solo estás pensando en ti, en tus depresiones, en tus ansiedades, que son producto de la pandemia de la cuarentena? ¿O quizás bajaste en tu nivel relacional para solo pensar en tu familia?

Si estás en grado 1, grado 2, grado 3, no se llega a ser un líder de crisis. Ahora, si tienes gente así alrededor tuyo, relaciónate con ellos y háblales en el nivel en el que están. Pero no puedes hablarle a alguien que solo piense en él, que sus filtros son ombliguistas en tratar de entender sus propios modelos.

¿Cuáles son estos siete niveles en los que te puedes encontrar?

Hemos visto que hay un nivel bajo el **nivel uno** que es aquel que se dedica a sí mismo, que solo puede mirar conforme a lo que le pasa a él y nada más que a él.

En un **segundo nivel** tenemos aquellas personas que pueden entender que hay otros a su alrededor, pero que solo se preocupan de ver qué les sucede a sus familias.

En un **tercer nivel** encontramos gente que está comprometida a su comunidad, a su tribu, a su iglesia, a la idea en común.

En un **cuarto nivel** vemos aquellos que ya empiezan a tomar conciencia de que toda circunstancia debe ser medida por tus principios.

En un **quinto nivel** encontramos aquellos que no solo viven por sus convicciones, si no viven por sus ideales. Son personas que pueden llevar adelante procesos de gobierno o procesos de país. Son aquellos que más allá de cualquier circunstancia, están en búsqueda del bien común.

En un **sexto nivel** encontramos aquellos que tienen un propósito de vida; que su propósito está en poder verse reflejado en el otro.

Y luego tenemos un **séptimo nivel**, el nivel espiritual, el nivel de santidad, el nivel de entrega, el nivel de dejarlo todo y seguirlo, el nivel de mirar desde los ojos de Jesús, el nivel de poder ser un reflejo de su gloria, el poder ser imitadores de Dios, el nivel de ser una mano extendida, ser más allá de un propósito, ser más allá de ideales, ser más allá de principios y convicciones, ser más allá de tu propia tribu o iglesia, ser más allá de tu familia, ser más allá de ti mismo.

El séptimo nivel es el nivel del negarse a sí mismo, tomar tu cruz y convertirte en un seguidor.

¿Cómo relacionarnos como líder de crisis con cada uno de estos niveles?

¿Hablarle como alguien que se niega a sí mismo, que está dispuesto a tomar su cruz y seguir? No, sino en cada uno de manera particular.

En el primer nivel, en el más bajo, vemos que el que se dedica a sí mismo solo puede mirar conforme a lo que pasa en él y nada más que a él.

En el segundo nivel ya las personas entienden que hay algo más a su alrededor, pero solo les preocupa ver qué es lo que sucede con su familia. Lo de afuera tiene que ver en relación con lo que le pasa a su familia y todo su lenguaje tiene que ver con esto.

En un tercer nivel encontramos gente que está comprometida a su comunidad o a su tribu, o a su iglesia o a una idea en común, pero solo eso.

En un cuarto nivel ya entramos en un nivel de madurez. Las personas no solo piensan en ellos o sus familias. Los últimos empiezan a pensar en sus principios; son sus convicciones, no sus circunstancias. Empiezan a poder declarar y vivir conforme a su fe, y no solamente a sus miedos o a sus reacciones.

Luego hay gente que se eleva y están aquellos que pueden liderar gobiernos, iglesias, organizaciones en un nivel 5, que piensan en su visión, en sus ideales, más allá de sus emociones, más allá de las circunstancias y buscan el bien común. ¿En qué nivel te encuentras tú como líder?

Un líder de crisis dice, como decía el mariscal ruso: "Entreguemos Moscú. Salvemos Rusia".

En un sexto nivel encontramos a aquellos que ya tienen un propósito en la vida, conocen quiénes son, para qué fueron llamados.

Pero hay un séptimo nivel, que es el nivel de santidad, el nivel de entrega, al nivel de dejarlo todo. El nivel de poder mirar desde los ojos de Jesús, el nivel de poder ser un reflejo de su gloria, el poder ser imitadores de Dios. El nivel de ser una mano extendida. Este nivel va más allá de tu propósito, de tus ideales, de tus principios, de tus convicciones, de tu propia tribu, de tu Iglesia y de tu familia. Va más allá de ti mismo.

Todos estos procesos de caos, de virus, de cambios paradigmáticos hacen que muchas personas no tomen conciencia de que están en los niveles más bajos de relación, que es solamente preocuparse por su ombligo. Obvio, esto nos está pasando a todos. No te creas que eres tú solo quien vive esto. Pero es el momento de no creernos el cuento de lo que pasa fuera. Es el momento de poner todo nuestro esfuerzo en su huida hacia el nivel más alto que es. Toma tu cruz y sígueme, niégate a ti mismo.

Sé imitador de Dios. Sé un reflejo de su gloria. Si los miedos te tienen en un nivel 1, es un buen momento para poder pensar por tu familia. Si solo te estás ocupando de tus cosas personales y de tu familia, qué buen momento que poner tu lenguaje en tu iglesia, preguntarte dónde están, a quién tengo que llamar, ¿con quién me tengo que relacionar? Si ya te estás ocupando de ti y de tu familia, de tu Iglesia, qué buen momento para pensar en tus principios, que estos no sean tocados por las circunstancias o por los que están produciendo el caos organizado. Y empieza a preguntarte quién está haciendo en tus hábitos, tu carácter, tu manera de ser. ¿Qué deberías hacer para que ciertas cosas no pasen?

Ahora sí ya estás trabajando estas cuatro áreas. Es un buen momento de poner en tu lenguaje tus ideales, aquello que visionas, ponerlo en tu red, ser un agente de transformación, cambiar tu nación. Las naciones se cambian con la suma de individualidades, con aquellos que se hacen cargo en el medio de dos motores caídos y salvan a todos porque aterrizan en un río; lo más disruptivo que te puedas imaginar. Pero tienen esa convicción de negarse a sí mismos, de pensar en los otros. ¡Qué tiempo maravilloso para poder mirar desde los ojos de Jesús!

¿Qué haría Jesús en mi lugar?, pregúntate hoy. ¿Qué haría Jesús? ¿Estaría donde estoy? ¿Haría Él lo que yo voy a hacer? ¿Qué haría Jesús en mi lugar? ¿En serio? ¿En serio que vas a hacer eso? ¿En serio que estás cansado? ¿A qué origen en tu lugar? ¿En serio?

Si mi miedo me domina, no seré mi visión. Si mi amor por Cristo es quien lleva el control de mi vida, seré un líder en medio de la niebla.

Todos estos procesos de caos, de virus, de cambios paradigmáticos así, hacen que muchas personas que no están tomando consciencia bajen a los niveles más bajos de relación que es solamente preocuparse por su ombligo. No es fácil cuando te falta el trabajo, cuando te falta el futuro, cuando ves caer gente a tu costado gente, cuando tu propio cuerpo no te responde. No es fácil no caer en los niveles más bajos de relación cuando tus emociones están a flor de piel, cuando los estímulos de tu cuerpo no reciben afecto, no reciben adrenalina. Solo tienen depresión y angustia.

Este es el momento de no creerte el cuento de que estás quemado. Este es el momento de poner todo tu esfuerzo en subir de nivel en ir por lo siguiente, para que nuestros ombligos no sean nuestro centro, sino Dios y su Palabra.

11

VES EL PROCESO DESDE EL MULTIVERSO

RELACIÓN CON EL MULTIVERSO

La ciudad de Tiberiades se encuentra en el margen del mar de Galilea. Ciudad pujante y de crecimiento, tuvo a los masoretas rabinos escribas viviendo allí con un sublime propósito: copiar los textos más antiguos de las escrituras. Los masoretas estaban transcribiendo las escrituras. Corría el siglo 10 y habían recibido los textos críticos griegos. Un grupo de ellos tenía la noble tarea de traer al lenguaje de esos tiempos el génesis. Ver cómo los soferim habían puesto sus notas, cómo el códice de Aleppo se hacía parte de sus vidas cotidianas hacía su estadía al lado del mar de Galilea un tiempo fascinante.

De repente había que traducir la palabra *shamayim*, que se traduce al español como "inmensidad", y la palabra *berashit*, que se traduce como "firmamento", y en medio de tan poderoso momento eligieron traducirlo como "Universo". Podrían haber elegido inmensidad o firmamento para que hablara de la grandeza de la obra creadora de Dios, pero eligieron llamarle universo. ¿Por qué? Porque vivían envueltos en un mundo en donde todos creían que existía un universo, un único verso en el cual habitábamos y que había que descubrir.

Más de mil años después, todos conocemos lo que este pensamiento trajo a la vida de las generaciones que le siguieron: una búsqueda constante de explicar el universo, de descubrir el universo, de contar el universo... cuando en realidad no vivimos en un universo, un único verso, sino en un multiverso, múltiples versos conforme a la sabiduría de Dios que nos hizo a cada uno de nosotros únicos, y con la capacidad de vivir y ver la vida y versarla desde nuestros propios ojos.

Entendiendo que esta no era una cuestión solo de los masoretas, Jesús vio cómo esto también era tema de los fariseos. Reglas que Dios había traído para decir y guiar al pueblo se habían convertido en muros que le quitaban la posibilidad de ver la luz de las escrituras a la gente normal. Por eso Él enfatizó para los que buscan la verdad: *"Yo soy el camino, y la verdad, y la vida; nadie viene al Padre, sino por mí".*[8]

La misma Palabra nos habla de la diversidad de la sabiduría de Dios, de la multiforme sabiduría de Dios en otras versiones.

El fin de todo esto es que la sabiduría de Dios, en toda su diversidad, se dé a conocer ahora, por medio de la

---

8. Juan 14:6, RVR 60.

iglesia, a los poderes y autoridades en las regiones celestiales.   (Efesios 3:10, NVI)

Hay una verdad absoluta que es Dios y su Palabra. Ella contiene el corazón de Dios para con el hombre. La misma Palabra menciona que ha sido inspirada por Dios para enseñar, redargüir y corregir, a fin de que el hombre de Dios sea perfecto enteramente preparado para toda buena obra.

Cada uno debe ir en busca de esa verdad. Pero debemos comprender que, en cuanto a la inmensidad, en cuanto al firmamento y las relaciones que tenemos unos con otros, debemos apoyarnos en el multiverso, en validar a cada persona como única, y en poder juntos ir en busca de la inagotable grandeza de Dios y su Palabra.

Los exitosos no piensan que hay una única forma de hacerlo, sino que se preguntan cuál es la mejor forma de hacerlo en este caso y en esta oportunidad.

¿Cuál es la mejor idea que pueda ser llevada a cabo? Cuando nos permitimos pensar desde múltiples y diversas opciones, empezamos a ver aquello que estaba ciego a nosotros por nuestra propia mirada, por ciertas creencias que nos limitan, por nuestra propia cultura.

Salir del universo es un desafío cotidiano del hombre. Siendo nuestro primer instinto que aflora el de la supervivencia, es mucho mejor sentarse en la comodidad de lo único posible que podemos hacer en tal caso. Por eso, más que nunca, debemos ir a las escrituras y dejar que ellas nos hablen, nos enseñen, nos traigan la sabiduría de Dios y su multiforme gracia para con nosotros.

ENTRENÁNDOTE EN PENSAMIENTO PROFUNDO 5

¡APROVECHA ESTE QUINTO REGALO COMPLETAMENTE GRATIS!

¡TERMINA TODO ESTE ENTRENAMIENTO GRATIS!

Entrénate en el manejo del tiempo y las agendas

El bien más preciado para los exitosos es el tiempo y la preparación en la agenda para la administración productiva del tiempo es lo que muchas veces inclina la balanza entre lo que conquistas y lo que pierdes. Porque valoro tu tiempo, te he REGALADO ESTOS CINCO ENTRENAMIENTOS, COMPLETAMENTE GRATIS. En este entrenamiento intensivo, te voy a mostrar las claves que usan los exitosos para moverse en los distintos niveles de agenda, cómo moverte en medio de la angustia y las complejidades para que ellas no gobiernen el uso del tiempo, además de cómo establecer prioridades y asignarles el tiempo debido para que te conduzcan al logro extraordinario de tu visión.

Ingresa YA a
www.desarrolladoresdeentendimiento.org/pp4

Has invertido tiempo, esfuerzo y dedicación en este proceso que va más allá de la lectura de LO QUE LOS EXITOSOS PIENSAN. Con este nuevo entendimiento, ¡sigue persiguiendo el éxito!

12

VAS TRAS EL RESULTADO, LO DEFINES

RESULTADO

No estamos buscando solamente hablar de los resultados, sino de cómo nos relacionamos con ellos.

Los líderes están viendo que llegan al resultado con un enorme esfuerzo, y este se diluye rápidamente. Ven que llegan al resultado y este no genera lo que esperaban que sucediera.

Necesitan entender la manera de pensar de los exitosos con respecto al resultado. El resultado es el mejor aliado para tu futuro, siempre que puedas pensar del resultado como lo hacen aquellos que lo logran.

Los exitosos piensan en el resultado, ya no solo como un espacio de logros concretos, sino como un proceso de aprendizaje. El pensar la manera en que vamos a medir el éxito antes de hacer, es parte de los procesos que lleva a algunos a construir futuro y a otros a reaccionar presente.

¿Cómo medimos que lo que pensamos es exitoso? Podemos medirlo por lo que gestiona, por lo que comprendemos, por los procesos que desarrolla, o por la manera en que determinamos las conexiones. El resultado no es solo un hecho. En un mundo virtual, dinámico, y con modelos comunicacionales de instante, el resultado siempre es más que una sola cosa.

El modelo de acción y reacción ya no alcanza. ¿Qué es lo que piensan los exitosos antes de ir de lleno hacia el resultado? No importa dónde estabas ni dónde estás, sino dónde quieres estar.

El escritor español Miguel de Unamuno decía: "Que nunca tu pasado sea tirano de tu porvenir".

La capacidad del ser humano de reinventarse es fabulosa. Es una de las cosas más maravillosas que tenemos cuando uno empieza a entender que la posición de partida muchas veces te condiciona, pero no te determina. Deja de pensar que lo que está alrededor es tu poder, o de darle poder a los críticos, a los que te quieren o a los que te odian. Lo que determina quién vas a ser es tu compromiso.

Ante el resultado, los exitosos no se dejan llevar por circunstancias negativas. Estas solo les sirven para entender que tienen que trabajar más duro.

Si no te están saliendo las cosas y si venimos con un arrastre de trabajo más duro, ponte cada día adónde quieres llegar y que sean metas medibles que tú puedas medir e ir logrando cosas nuevas.

Lo importante no es ni de dónde vienes ni dónde estás, sino dónde quieres estar. *Los exitosos siempre piensan desde el futuro con gran conciencia de presente.* Su primer pensamiento es esperanza, y luego es como si el enfoque y el pensamiento en el presente se convirtieran en uno con cada situación que están viviendo. No dejan nada sin verlo con poder y presencia. Son un presente.

Los exitosos saben un secreto que ahora te estaré compartiendo.

"No hay tanta competencia en los niveles de excelencia." "La competencia normalmente está en los niveles de mediocridad."

Si te encuentras que estamos discutiendo mucho es porque estamos siendo unos mediocres, porque no estamos usando nuestra lengua de manera poderosa. La excelencia es el lugar adonde llegamos.

No hay tanta competencia, créeme.

Hacer lo difícil en lugar de lo fácil te diferencia del resto. La mayoría de la gente suele optar por la alternativa más cómoda. La gestión pública tiene la excelencia como algo difícil de lograr, que supone barreras, pero cuanto mejor seas, más se va a notar.

La calidad siempre es una buena estrategia para diferenciarse.

No lo es la contienda. No lo es el enojo. No lo es la mediocridad. La excelencia es lograrlo en máxima productividad.

Cuando estás en niveles de excelencia, te puedo asegurar que te verás mucho mejor. Solo hay una sola cosa que es muy fea, pero es mucho más grande de lo que piensas. Y es los pensamientos de baja estima.

Michael Jordan decía: "Nunca pensé en las consecuencias de errar un gran tiro... cuando piensas en las consecuencias, siempre piensas en un resultado negativo".

Esto es parte de la vida. Cuando uno empieza a creer en uno mismo, tu pasión te va a llevar a grandes cosas.

Los exitosos piensan en su equipo para trabajar codo con codo y espalda con espalda.

Tenemos que demostrar que somos un equipo que sabe limar sus asperezas, sus diferencias.

No siempre vamos a estar de acuerdo en todo y no estamos acá para estar de acuerdo. Pensemos más grande de nosotros mismos; pensemos más grande también del otro. Y nunca pierdas de vista tu objetivo. Normalmente los enemigos lo que buscan es debilitarte, que pienses mal de ti y que pierdas de vista tu objetivo. Sigue avanzando a pesar de las circunstancias. Vívelo y recréalo constantemente en tu mente, a pesar de las adversidades, a pesar de las críticas, a pesar de las pérdidas.

El problema de muchos talentosos o de muchos técnicos profesionales que tienen muy buena experiencia es que dejan de tener entusiasmo. Solo tienen talento. Nada contagia más como el entusiasmo. Cuando una persona actúa con entusiasmo, invita a los demás a unirse a ese entusiasmo. Hay una energía que nos invita a acompañarle. Uno quiere ser partícipe de esa aventura atractiva.

Pregúntate: ¿Estoy siendo entusiasmado? La palabra entusiasmo es una palabra compuesta de tres palabras: *en-teos-mesmo* que significa "Dios dentro de mí". El poder ir tras el resultado y que este no se diluya implica vivir el proceso desde adentro, con una actitud y un entusiasmo más allá de toda circunstancia. Te aseguro que marcarás una diferencia.

13

EXPANDES A NUEVOS MODELOS...
NO SOLO SOLUCIONAR PROBLEMAS

RESULTADO EN EL APRENDIZAJE Y NO EN LA SOLUCIÓN

Otro de los puntos que tienen los exitosos que vemos en toda Iberoamérica que se están poniendo de pie, es que no piensan desde la solución de los problemas, no tratan de solucionar problemas cada día, no se levantan en la mañana y dicen: "Voy a la fábrica, está difícil. Voy a ver cómo solucionar problemas". Ese modelo ya no alcanza. ¿Sabes por qué? Porque, aunque hay soluciones, mañana vas a tener más problemas.

El exitoso se acerca al problema como una oportunidad para crecer. Es usar cada situación como una fortaleza.

Empieza a amar los problemas y levántate en la mañana así: "Amor, hoy salgo a ver todos los problemas que voy a tener. ¡Qué lindo, voy a tener problemas, voy a crecer! ¡Qué maravilloso, voy a fortalecerme!"

Levanten la mano los que aman los problemas. Ninguno, pero necesitamos entrenamiento.

Necesitamos amar los problemas. Desde mañana todo el mundo me corta un limoncito a la mañana y dice conmigo: "Yo amo los problemas".

Muchos de los problemas que tenemos los creamos en un nivel y queremos resolverlos en el mismo nivel en el que los creamos. El mundo está corriendo tan rápido que necesita de los líderes que vean el problema como una oportunidad para fortalecerse, para ampliarse. *Para eso debemos dejar de ser solucionadores de problemas y convertirnos en ampliadores de superficie.*

La Palabra dice que busqué agua en medio de mi angustia, y me puse en un lugar espacioso. Angustia viene de la misma raíz que angosto. Es una opresión en el pecho. Es estar parado y gestionando en una baldosa. La Biblia tiene un hermoso versículo que ejemplifica cuál es el camino en medio de la angustia.

Desde la angustia invoqué a JAH,

Y me respondió JAH, poniéndome lugar espacioso.

Jehová está conmigo, no temeré

lo que me pueda hacer el hombre.

(Salmos 118:5–6, RVR 60)

Él me puso en lugar espacioso.

Te puedo asegurar que se empiezan a aplicar estos principios. No solo vas a cambiar tu vida y la de tu familia, sino toda tu nación, porque la nación se cambia con aquellos que eligen pensar y entrenarse antes de hacer, y que cuando se relacionan con las personas y las circunstancias, lo hacen desde una situación y un contexto que genere un futuro poderoso.

Ir en busca de ampliar mi superficie, de estar en un lugar espacioso es elegir fortalecerse antes que solo solucionar problemas; elegir entender y no solo ser talentoso. Elige venir del futuro con un paso diario comprometido.

Y ahí tenéis la diferencia entre unos y otros. ¿Quiénes son los que están decidiendo elegir una visión extraordinaria? ¿Quiénes son los que eligen ir por algo más grande que ellos mismos?

Una buena herramienta para poder ir por aprender de cada situación es la declaración de amplitud de visión.

DECLARACIÓN DE AMPLITUD DE VISIÓN

¿Qué es una declaración de ampliación de visión? Es una herramienta lingüística que me permite poder sacar la solución de problemas del foco de mis pensamientos, y redirigirlos a aprender de cada situación.

Si aprendo a medir lo que está pasando a través de la declaración de amplitud de visión, cada acción no será solo un impacto que resuelva, sino un proceso que expanda. Algunos hacen y luego piensan si hicieron bien. Otros piensan, y luego hacen y miden lo que pensaron.

La batalla hoy no es no tener problemas, sino qué hago con ellos. ¿Simplemente los soluciono o me animo a usar la herramienta declaración de amplitude de visión para expandirme, para ver lo que no veía, para poder estar en un lugar espacioso?

Es frustrante hoy poder solucionar problemas, porque solucionarlos no cambia el mundo; solo resuelve el ayer. Con el ritmo con que va todo, mañana vas a tener otros problemas y si creces, posiblemente tengas ¡más problemas más grandes! Algunos creen que, porque llegan a lugares poderosos en su organización o en su profesión, eso significa menos problemas y lo que menos significa es menos problemas. ¡Eso significa más problemas!

Lo que uno tiene es que ampliar la superficie. Para eso sirve la declaración de amplitud de visión.

Quizás antes con lo que sabías, alcanzaba. Hoy el entendimiento es dinámico y necesitas ir más allá de ser un solucionador de problemas para ser exitoso en tu manera de pensar.

La Palabra dice claramente que en mi angustia invoqué a Jehová y Él me puso en un lugar espacioso. La angustia tiene mucho que ver con un terreno angosto, con alguien que se siente que está parado en una baldosa. No se puede mover. Tiene que resolver todo con margen estrecho, angosto.

Los exitosos no piensan en cómo van a resolver problemas, sino en sacarle el máximo provecho para crecer.

Una de las cosas que hacemos con aquellos líderes de multitudes o de mucha influencia cuando nos llaman con grandes problemas que no pueden resolver, les decimos: "Si tienes un problema, agrándalo". Es una muy buena manera de poder llevar adelante la vida. No trates de resolver el problema en el mismo nivel en el que lo creaste. Deja de simplemente solucionar problemas y empieza a ampliar su superficie. Sea su superficie tu manera de mirar, sea su superficie tu manera de ser. Sea su superficie relacionarte.

¿Fui entrenado para ser un líder o un líder de crisis? ¿Y qué es ser un líder de crisis? No tiene que ver con lo que hacemos simplemente, sino tiene que ver con ampliar la superficie. Ampliar la superficie y buscar no resolver el problema en el mismo nivel en el que los creaste te ayudará a crecer y aprender de cada situación. Jesús jamás podría habernos salvado en el mismo nivel en el que pecamos. Necesitamos un salvador a un nivel mucho más poderoso. Era imposible lograrlo en el mismo nivel.

Recientemente en estos tiempos se comenzó a ver más claramente lo de salir de ser solo un solucionador de problemas. En el pasado, con los cambios paradigmáticos mucho más espaciados en el tiempo, no había una necesidad imperiosa de crecer, de ver más, de expandirte. Y los problemas se repetían por años. Así que si habías aprendido a cómo resolverlos, eso alcanzaba. ¡Pero hoy solucionas un problema y luego viene otro diferente!

¿Cuánta gente has visto o escuchado que pasaron 30 años con una situación sin resolver? ¿Cuántas personas encuentras que te dijeron: "Ojalá que mis hijos puedan disfrutar de la vida. ¿Yo fui una amargada frustrada toda la vida, nunca pude hacer nada"?

¿Pero qué pasa con el mundo ambiguo de hoy? Hay muchas personas a su alrededor que se ven abatidas, deprimidas. El daño psicológico que están produciendo estos tiempos es tremendo.

Para eso, la declaración de amplitud de visión es fabulosa. Si yo puedo aprender e incorporo la herramienta Declaración de Amplitud de Visión, no solo voy a poder resolver problemas, sino voy a poder ser mejor a pesar de las circunstancias. Dios va a poder usarme como nunca me había usado. Voy a poder estar en contextos que hasta ahora no estuve. ¿Por qué? Porque entiendo la diferencia entre solucionar un problema y declarar una amplitud.

Les voy a hablar de declaración de amplitud de visión. ¿Cuál es la definición? La definición de declaración de amplitud es una interrupción entre la visión y el compromiso. ¿Qué es lo que hice hasta ahora? Fue solucionar problemas. Cuando hay una situación, la resuelvo puntualmente. Más allá de mi misión. Más allá de mi compromiso. Y la solución es una acción. No una declaración.

Los exitosos declaran amplitud antes de actuar por reacción a los acontecimientos diarios.

Hay personas que, como están basadas en el modelo de la acción, miden su caminar accionando y luego chequean si fueron correctas o incorrectas. Error es chequear en la acción la solución del problema. Entonces tenemos una mente diseñada para solucionar problemas, para poder resolver cada uno de los problemas que tenemos.

Los exitosos ya no piensan en solucionar problemas, sino en declarar amplitud.

Definimos declaración de amplitud como la interrupción entre la visión y el compromiso. Primero, si no hay visión, no hay declaración de amplitud. Si no hay compromiso, no hay declaración de amplitud.

Muchas veces usamos primero la herramienta Declaración de Amplitud de Visión para tomar conciencia de que no hay visión o para tomar conciencia que no hay compromiso. Imagínate que solo te dediques a solucionar problemas como en el mundo del siglo pasado. Podrías hacerlo, pero eso no te llevará a comprobar si tu visión estaba yendo en el rumbo correcto o no te permitía darte cuenta si estabas siendo comprometido con lo que hacías.

Yo he conocido gente que se han pasado los últimos 30 años en el modelo del hacer, sin declarar amplitude, solo haciendo, sin compromiso, solo por obligación. Eso antes se podía. Pero en el nuevo tiempo nadie podrá estar trabajando sin estar apasionado por lo que hace. Se notará muy rápido.

Por eso la declaración de amplitud me ayuda a trabajar esas áreas de ceguera o donde funciono en automático.

Esto diferencia a los exitosos. Muchos reaccionan haciendo, mientras este grupo de personas se toma el trabajo de pensar el tipo de aprendizaje que desean sacarle a cada situación. Como primer punto, el solo hecho de declarar amplitude ya me ayuda a ver si lo que me está pasando está alineado con mi visión y mi compromiso.

¿Cuáles serían formas erróneas de manejar la declaración de amplitud? No es sinónimo de problema cuando uno dice una interrupción entre la visión y el compromiso.

La amplitud habita dentro de mí. El problema siempre habita afuera.

En un mundo ambiguo y cambiante como el que hoy vivimos, si solamente ayudamos a la gente a solucionar problemas, los vamos a ayudar a solucionar el problema de ayer, no el de mañana.

En cambio, si los ayudamos a ampliar la superficie, van a estar listos para el de hoy, para el día y el de mañana.

La declaración de amplitud es un acto lingüístico. Por eso es tan importante en el área de lo que pensamos y observamos antes de actuar. Es un acto declarativo que, al realizarlo, me permite ver cosas que no veo cuando solo me dedico a solucionar problemas y entrar en la acción.

No es un hecho o un análisis del hecho. Es un acto declarativo. Tampoco es un acto descriptivo.

No explica lo que pasó, sino genera lo que va a pasar. No es un diagnóstico de la realidad, sino un espacio que al declarar aquello que no está sucediendo hace que las áreas de ceguera aparezcan con mucha claridad y que la misma técnica me permita aprender con una rapidez que la búsqueda de soluciones nunca me daría.

El declarar una amplitud de visión va más allá que el resolver un problema. El declarar una amplitud trabaja en los espacios de aprendizaje más poderosos, porque la declaración de amplitud hace aflorar los juicios maestros que la persona o la organización tienen.

Escuchen esto. La declaración de amplitud no es un diagnóstico de una situación. La declaración de amplitud habita en uno, no habita en la situación. Yo puedo declarar una amplitud que quizá para otro no es amplitud. La amplitud habita en quien lo emite. Es una declaración que me permite sacar aprendizaje de lo que me pasa. Y esta es la diferencia entre describir un problema o declarar amplitud.

Ahora tienes una nueva herramienta. Por un lado, hay que describir un problema y está bueno que lo hagas porque ahí puedes tener los hechos concretos, y puedes tener las opiniones y las soluciones que tienes sobre los hechos concretos. Pero ahora tienes la segunda herramienta, declarar amplitud, que va a trabajar en ampliar su superficie de aprendizaje.

La declaración de amplitud no tiene que ver con la acción o cómo solucionas el problema, sino con cómo le saco aprendizaje a la situación. La declaración de amplitud me permite sacar aprendizaje a lo que me pasa.

No es una herramienta de acción, sino de declaración.

No tiene que ver con la acción, tiene que ver con sacar aprendizaje.

LOS SEIS PASOS PARA DECLARAR AMPLITUD EFECTIVAMENTE

Lo **primero** que hago es declaro amplitud de visión.

Lo **segundo,** en el momento en que hago la declaración de amplitud, aparecen los juicios automáticos. La mente funciona así. En el mismo instante que estás declarando amplitud (siempre que no sea una descripción de problema) encontrarás cómo tu cerebro automáticamente empieza a emitir juicios automáticos. ¿Por qué?

El cerebro está diseñado para defenderse, y lo hace con valoraciones y opiniones. Genera juicios automáticos constantemente. El problema es que cuando aparecen estos juicios automáticos, mucha gente se quedan allí detenidos eternamente. Los toman como verdades absolutas.

Esos juicios automáticos vienen en dos formas: disparadores automáticos y calmantes defensivos. En cualquiera de sus formas pueden convertirse en una excusa razonable para no salir del lugar en que te encuentras.

Recuerda: La mente está diseñada para adormecer el dolor. Entonces automáticamente emite juicios para que tú te quedes allí.

¿Cómo logro el proceso de declaración de amplitud? Yendo rápidamente a los compromisos previos.

Es el **tercer** paso. ¿Entonces vas a hacerte preguntas o le vas a hacer preguntas? ¿Qué es lo que vas a hacer? Es preguntarse si hay o no compromiso.

Quizás la declaración de amplitud te sirve para chequear si hay o no compromiso.

En el caso que haya compromisos previous, debes ir rápidamente a ellos más allá de todo lo que los juicios automáticos te quieran convencer de quedarte. Alli comienza el proceso de estiramiento y aprendizaje extra que el solucionar problemas no tiene.

Cuarto: Debes hacerte la pregunta: ¿Cuáles son los recursos propios que tienes? Busca en medio de los compromisos tus talentos, tus aprendizajes, tus recursos, tus herramientas para poder salir de ese lugar. ¿Qué deberías hacer que hasta ahora no hiciste? Si tuvieras el éxito asegurado y todo te saliera bien, ¿qué acciones tomarías? Estas son las preguntas que te permiten ampliarte y ver lo que te falta. Ya no te detienes a mirar lo que no tienes, sino a buscar lo que te falta.

Quinto: ¿Cuál es la red de apoyo? Cuando declaras amplitud y vas por tus compromisos, ¿tienes qué pedidos, qué ofertas, o qué promesas deberías hacer que no hiciste? ¿A quién o a qué debes recurrir para ir por más?

Sexto: ¿Qué aprendí? Me pregunto qué expandió mi capacidad de acción efectiva; qué más vi que no veía. ¿Qué limitaciones me mostró que me estaban ocultas?

PROCESO SINTETIZADO DE DECLARACIÓN DE AMPLITUD

Estos pasos son uno detrás del otro.

Declaro amplitud. Va a venir el juicio automático. Cuando viene el juicio automático, inmediatamente voy al compromiso previo. Cuando el compromiso aparece, empiezo a preguntarme salidas con recursos propios, implemento una red de ayuda, y me pregunto qué aprendí.

Este modelo de relacionarme con el afuera me permitirá ser más poderoso en ampliar mi superficie y crecer con cada problema, con cada obstáculo, con cada situación.

Los exitosos no eluden los problemas; los usan de puente para llegar al otro lado.

RESULTADO EN LA GESTIÓN

Una de las cosas que más cuidan las personas exitosas es pensar cómo vamos a medir el resultado. No es simplemente ir hacia el futuro y ver cómo nos fue, sino elegir la manera en que vamos a medirlo. Necesitamos poner en el lenguaje antes de actuar que esperamos que suceda.

Los grandes jugadores de deportes de elite tienen por costumbre no solo focalizar hacia dónde quieren ir, sino además mencionarlo en el lenguaje con un acto declarativo que los haga avanzar, esforzarse. No es solo "vamos a accionar y veamos cómo nos va", sino es "vamos a hacerlo. Vamos a lograr lo que hasta ahora no logramos. Vamos por ello".

Los resultados ya no se miden en un solo propósito. Hoy cuando salimos hacia el resultado debemos antes pensar qué tipo o cuáles resultados deseamos tener y cómo los vamos a medir: si serán resultados en la gestión, resultados en la relación, resultados en la conexión, resultados en la sistematización, resultados en la comprensión. Puede que tengamos resultados en un área, pero como no dedicamos tiempo a pensar en ello, le restamos importancia o no vemos lo poderoso que puede estar siendo. O cuando no ponemos un medidor, eso nos invita a simplemente conformarnos con lo que pueda venir.

En nuestro próximo libro *Lo que los exitosos hacen* te mostraremos cómo los exitosos no solamente piensan de una manera, sino que cuando lo implementan lo hacen con enfoque, con máxima productividad, con mediciones claras, con aprendizaje continuo, con opciones poderosas. Ya nos veremos allí para construir juntos éxitos en el hacer.

Mientras, definamos cada una de las mediciones que los exitosos piensan antes de ir por el resultado: Resultado en la gestión, Resultado en la relación, Resultado en la conexión, Resultado en la sistematización y Resultado en la comprensión.

14

PARA PENSAR EXITOSO, ¡SIÉNTATE!

Elijo terminar sentado este libro. Los exitosos, antes de correr, se sientan. Sentarse es un acto de completud, de estar presente, de tomarme tiempo para darle importancia al enfoque.

SIÉNTATE CONMIGO.

¿Por qué? ¿Por qué elegimos sentarnos en este día? Porque hay tanta gente corriendo. Corren y corren de aquí para allá. Yo no sé si a ti se te pasa la ansiedad que hay por tanta corrida y parece que uno nunca termina de correr. Si miras la televisión te dicen "corra más y escóndase", y si sales a la calle lt dicen, "corra más y cuídese". Uno trata todo el tiempo de correr para acá, de correr para allá, cuando en realidad la Palabra te dice que Dios te está invitando en este tiempo a sentarte con Él.

¡Del espacio al contexto y del contexto al momento!

Estamos en el más grande avivamiento de la historia de la humanidad. Quiero traerte el concepto más poderoso de estos tiempos que quizás todavía no terminamos de entender acerca de lo que está pasando. Déjame contártelo de este modo. Durante muchos años el pueblo de Israel sabía la promesa de Dios de que Dios iba a estar con ellos de día y de noche, que iba a estar en cada momento, que iba a estar en cada situación. Dice la Palabra que nunca se apartaba de ellos. Durante el tiempo del desierto, Dios les dijo: Ve, que yo voy a estar contigo y cruzaremos mares, derribaremos murallas, verás mi mano sobre ustedes.

Ese es el Dios Todopoderoso del que te vengo a hablar. Ese Dios, la Palabra nos cuenta que hubo un tiempo que habitaba en el tabernáculo. A la mañana temprano, Moisés se levantaba, todos miraban hacia la tienda de Moisés y en plena madrugada, Moisés caminaba hacia el tabernáculo. Cuentan las escrituras que la nube que representaba al Altísimo caía sobre el tabernáculo y todos adoraban a la vez. Ese tiempo de adoración no necesitaba más que la presencia de Dios y un entendimiento de su presencia. Ellos se sentaban. Sentarse significa reposar, significa descansar. Significa estar en quietud, estar en reposo.

Ese tabernáculo era el centro de la vida espiritual de ese pueblo en donde la presencia de Dios habitaba como nunca: Él entre medio de su familia, de su pueblo elegido. ¿Qué sucedió después? Construyeron el primer templo en donde Dios explicó con lujo de detalles: cómo lo deseaba, en donde Él iba a habitar, donde se iba a sentar, en donde iba a estar. Luego construyeron el segundo templo. Y así fue como llega Cristo. Jesús dice la Palabra que rompe el velo de separación entre el hombre y Dios. Jesucristo fue un sacrificio perfecto para salvar a la humanidad y que podamos vivir en su presencia.

El gran secreto revelado que ni siquiera los profetas conocían era "Cristo en nosotros es la esperanza de gloria". ¿Por qué? Porque el templo dejó de ser un lugar en donde te ibas a sentar con Dios, en donde ibas a disfrutar de su presencia. Ya no era solamente un espacio, era ir a algo que se vivía en carne propia. Tú te convertías en un templo del Dios viviente. Todo tu cuerpo, absolutamente todo tu ser, se llenaba del Espíritu Santo cuando confesabas a Jesús como tu Señor.

Del espacio al contexto, del contexto al momento.

Dios nos habló claramente que Cristo en nosotros era nuestra esperanza de gloria, pero seguimos creyendo que su presencia estaba en un solo lugar. Su presencia estaba en un espacio, cuando Dios te está diciendo hoy que su presencia no es un espacio. Su presencia es un momento divino, como el momento en el tabernáculo, como el momento en el Santísimo. Lo sentimos como el momento en que confiesas a Jesús como tu Señor. Como este momento en donde tú simplemente entiendes que el gran avivamiento de estos tiempos por los cuales Dios permite que pase lo que está pasando, es simplemente para que entiendas que Dios habita en ti en este instante.

Entonces, ¿qué es lo que hace el mundo a tu alrededor? Te dice, mientras estás escuchando la Palabra, fíjate en los mensajes de Facebook; mientras estás escuchando la Palabra, ¿por qué no lees? ¿Por qué no miras Instagram? Y te empiezas a dispersar. ¿Cuánta gente está tomando la adicción a que mientras habla está con el teléfono?

Dime si no te pasa que estás perdiendo el gran avivamiento. Solo levanta las manos al Señor Padre Todopoderoso y dile: "Yo sé que este es el momento en donde tú llenas mi casa, en donde llenas mi vida, en donde bendices mi casa de una manera especial. Soy templo del Dios viviente y no es simplemente una reunión virtual, es un momento de tu presencia. Ya tu presencia no está en un espacio, está en un momento y se puede vivir virtualmente. Se puede vivir físicamente".

Esto no quiere decir que no nos vamos a juntar. Tengo ganas de verte, tengo ganas de darte un abrazo. Tengo ganas de elevar mis manos junto contigo. Pero, sabes que tenemos algo nuevo. Tenemos una buena noticia. Ya Dios no es un dios de espacios, es un Dios de momentos, es un dios de grandezas, es un Dios que Él te está diciendo en estos tiempos, "voy a habitar en tus pensamientos, voy a habitar en tu corazón, voy a habitar alrededor tuyo en el mismo instante en que tú digas, Padre celestial". Él te va a responder: "¿Qué, hijo?", porque Él está habitando en medio de nosotros. Cristo vive y vive tanto o más como hace un tiempo atrás, en donde estábamos acomodados a pensar que podíamos adorar en el espacio del domingo, que podíamos adorar en el espacio del altar. Nos habíamos convertido en cultocráticos. Muchos creyentes poderosos, pero cultocráticos.

Y no tengo nada contra la celebración en los edificios de la Iglesia. Ojalá volvamos rápido. Pero Dios te está permitiendo vivir este tiempo para que entiendas que hoy la adoración es un momento, la presencia de Dios. Se viven momentos de confianza, de fe, de estirar la mano. ¿Qué vas a tener? ¿Vas a tener el teléfono? ¿Vas a tener al otro? No te va a decir, "ay, pero estás en tu casa".

No estoy en mi casa, estoy en el altar de Dios. Hagamos una campaña, convirtamos cada casa en un altar, cada momento en un momento en donde se pueda vivir su presencia, cada espacio en un espacio de bendición.

Este es el tiempo donde si sales y estiras la mano va a haber milagros. Va a haber maravillas, porque el poder de Dios se manifiesta a través de tu fe. Dios está a la expectativa de que tú creas que va a sanar la gente enferma a tu alrededor. Ministra, hay situaciones, gente que está necesitada de comer. Vas a ver los panes y los pescados que van a multiplicarse. Momento a momento, pero quiero invitarte a que veas cómo es en una circunstancia difícil, ¿no? Dios está invitando a que lo hagas, entendiendo que Él te llama a sentarte con Él en todo momento. Dios te dice: "Siéntate conmigo, tú que estás cansado". En el libro de Génesis, cuando terminó de construir y de trabajar en el séptimo día, Dios descansó.

"Siéntate conmigo", te dice Dios. "Este es tu día para sentarte conmigo". Cuando terminó la creación, ¿qué hizo Dios? Reposó, se sentó. "Te invito a que te sientes conmigo", te dice Dios, "para que veas mi creación, para que te sientes en el banquito conmigo y contemples mi maravilla cuando veas que todo está mal". Dios te dice: "Siéntate conmigo y acuérdate quién hizo esta creación".

¿En serio le vas a tener miedo a un virus? Tenle más miedo a la incredulidad, hay que tenerle más miedo a la debilidad, hay que tenerle más miedo a quedarte fuera. Si tienes la posibilidad de confesar a Jesús y estás cara a cara con el Señor, siéntate con Él y disfruta de esta manera.

Dios nos sentó en lugares celestiales. Si tienes alguna duda, ¿dónde estás sentado con Dios? En lo alto. Tú no eres para andar humillado, caído, tirado. Levántate, empieza a mirar desde el lugar donde Dios te sentó.

Es como cuando uno va a ver un espectáculo que los chicos chiquitos te dicen: "Papi, levántate". Yo me acuerdo cuando mis niñas eran pequeñas y uno las llevaba encima todo el tiempo.

Uno los pone sobre los hombros, en un lugar de preeminencia para que puedan ver lo que desde abajo no se ve.

"Siéntate conmigo", te dice Dios en este momento a ti que estás escuchando, que estás viviendo un momento de gloria, que estás entendiendo que la presencia de Dios no es un espacio, sino es un momento. Dios te dice: Yo te pongo en un lugar de preeminencia para que te sientes en lugares celestiales, con la autoridad y el honor de ser mi hijo, de confiar. Siéntate en ese lugar, deja de estar tirado por los rincones, llorando y quejándote por todo lo que no te está pasando.

Este es tu día para levantarte y sentarte en los hombros de tu Padre Celestial y mirar el espectáculo, estirar la mano y bendecir la Palabra. Es maravilloso como te dice, "siéntate conmigo".

Es ese sentarse como habla el libro de Efesios, un símbolo de poder, un símbolo de autoridad.

¿Sabes por qué no ves el poder de Dios en tu vida? ¿Por qué no lo manifiestas? No porque no esté.

El poder está en lo que tienes que hacer. Es confiar en el sentarte en los lugares celestiales.

Mira el relato en el libro de Juan en el capítulo 4. Tantas y tantas personas se deben estar sintiendo identificadas con estos versículos. Jesús se junta con la samaritana en el pozo. No había peor gente para los judíos religiosos de la época que los samaritanos. Los judíos tomaban por un costado para no pasar por donde los samaritanos estaban. Hacían un viaje en el doble de tiempo para no pasar por Samaria.

Para ellos, los samaritanos eran peor que malos. Los samaritanos para los judíos directamente no existían. Y dicen las escrituras que Jesús no fue por el camino de la religiosidad, tomó el atajo. Dios está tomando el atajo.

¿En serio tú crees que Dios no está en control? Dios está en control de tu vida. Cierra los ojos y abre tu mano, y mira cómo Dios se manifiesta en este instante en tu casa. Extiende la mano. Confía en el Señor y verás cómo se sanan los lugares que lo necesitan. Sanidad sucederá si abres tu boca y permites que el poder de Dios se manifieste. Dios está en control y manifestándose cuando tú lo crees. Él está en control y toma el atajo.

¿En serio ustedes creen que todo lo que el mundo ha pasado es un problema para Dios? No.

Solo te está permitiendo entender que Dios no es un espacio. Dios es un momento en tu vida; la adoración y la presencia de Dios no se vive en un lugar especial, sino en una manera especial, y tú tienes la oportunidad de que nada ni nadie te quite. Él tomó el atajo y pasó por el medio de la adversidad, por el medio de la indiferencia, y fue y se sentó, dicen las escrituras en Juan.

Es como si te estuviera hablando a ti solamente. Dios te dice: Siéntate conmigo y mira mi creación, siéntate conmigo en lugares celestiales de autoridad y de poder, siéntate conmigo, que tomé el atajo para estar contigo. Jesús se le acercó y se sentó.

> (…) *Poco después, llegó una mujer samaritana a sacar agua, y Jesús le dijo:* —*Por favor, dame un poco de agua para beber.* (…) *Entonces le dijo a Jesús:* —*Usted es judío, y yo soy una mujer samaritana. ¿Por qué me pide agua para beber? Jesús contestó:* —*Si tan solo supieras el regalo que Dios tiene para ti y con quién estás hablando, tú me pedirías a mí, y yo te daría agua viva.*
>
> (Juan 4: 4-10)

Siéntate. Solo di en el medio del cansancio: "Señor, dame agua viva". Pide, pide, pide.

No hay lugar en las escrituras que diga que un cristiano, que un creyente, que un hijo de Dios haya pedido y Dios no haya respondido. Tú, pide en los momentos más difíciles; pide. Pero siéntate primero, siéntate con él, míralo cara a cara. Elige mirar, ver su presencia y disfrutar de su presencia, aunque estés cansado.

¿Eres de los que dicen qué voy a hacer en este país? ¿Qué voy a hacer en este momento?

Siéntate, deja de correr, siéntate, míralo a los ojos. Entiende que vivir Su presencia no es un espacio, no es un lugar, es un momento. Y pídele: "Dame de beber". ¿Y sabes qué va a pasar? Derramará agua viva, agua viva sobre tu vida, sobre tu trabajo, sobre tu familia, sobre tu casa.

Ese es el Dios que amamos. Que honramos. Que obedecemos. Que admiramos. Que seguimos.

Ese es el Padre celestial en el que estamos convencidos de ir a cada lugar y decirte, deja de correr y siéntate con Él.

Miren estos otros versículos en Lucas, capítulo 10. Este relato es bien conocido; ¿quién no se sintió identificado con una de estas dos maravillosas hermanas de Lázaro? Seguidores creyentes. Jesús estaba habitando en su casa, pero no era lo importante del edificio.

Marta está preocupada porque lo físico, lo presencial, los detalles de la casa estén bien. Tenía a todo el mundo corriendo detrás de ella porque la presencia del Dios, el ungido de Dios habitaría en su casa ese día. Sin embargo, María se sentó. Comprendió que presencia y adoración no es edificio, no es contexto, es momento. Que no importa dónde estés o cómo, si lo haces virtual o presencial, la presencia del Padre, la bendición de Dios, estará contigo.

Este puede ser el momento donde dejas de ser un espectador y comienzas a ser un protagonista, primero de tu propia vida, luego de tu entorno y de lo que Dios desea para ti.

María se sentó a los pies del Señor a escuchar sus enseñanzas. Acá tenemos otro modelo, ¿cómo me tengo que sentar? Siéntate a los pies. Porque hay algunos que se sientan como dándole la espalda o se sientan como preocupados sin mirar a los ojos.

María eligió sentarse a los pies del Maestro. Ya no solamente me siento para ver su inmensidad o me siento para recibir autoridad o me siento para vivir la aguaviva. Me siento a sus pies.

Pero Marta estaba distraída.

¡Qué palabra tan actual! ¿Cuánta gente distraída hay hoy? Una mente distraída es una mente derrotada. Y este es uno de los grandes factores del diablo. Quiere que seas espectador y no protagonista. Quiere que estés leyendo detenidamente este libro para que cale profundo en tu interior, pero a su vez que estés mirando otras cosas o haciendo quinientas cosas a la vez.

Siéntate, ven a sentarte a los pies del Maestro.

Algunos eligen el camino de Marta. Marta dice: ¿Pero no te parece injusto que mi hermana está acá sentada mientras yo hago todo el trabajo?

¡Qué mensaje!

¿Con quién te identificas más? ¿Te identificas más con María o te identificas más con Marta?

Imagínense que yo vengo y te digo: Siéntate conmigo, ven, siéntate. Yo ahora te llamo. Siéntate conmigo, siéntate. ¿Qué me vas a contestar? ¿Qué es lo primero que dirás? "Estoy ocupada. Estoy preocupada. Tengo tanto para hacer. No tengo qué comer. Todavía tengo trabajo".

El mundo actual está buscando que corras tras emociones y espacios.

Cuando Dios te invita, que te sientes y que disfrutes el momento.

Esta es la gran diferencia entre lo que el Padre te está planteando y lo que el mundo plantea.

Es más, hasta hay algunos que están tan distraídos y están tan perturbados que solo se ven reflejados en Marta. Y a ella Jesús le dice: Estás preocupada e inquieta. Estás con la mente en cualquier lado, que hasta te das el lujo de darle órdenes a Dios. Lean en detalle. Marta le dice a Jesús: haz esto, haz aquello. Se da el lujo de decirle qué es lo que tiene que hacer. Yo sé que tú no eres de estos, pero hay gente que cuando oran, le dicen a Dios, ocúpate de esta situación.

¿Por qué no le empezamos a preguntar Dios, ¿qué plan tienes? A ver, cuéntame. Yo estoy acá sabiendo que tú eres quien ha diseñado la creación y yo me quiero sentar contigo. Quiero sentarme contigo. Dios quiere que te sientes en medio de esta circunstancia. Que vengas y te sientes; que te sientes en la adversidad.

Observen qué le dice Jesús a Marta: Mi apreciada Marta, estás preocupada y tan inquieta con todos los detalles. Hay una sola cosa por la que vale la pena preocuparse y María la ha descubierto. Y nadie, nadie se la quitará. María la ha descubierto y nadie se la quitará.

Elige la buena parte. Elige aquella parte que te va a permitir sentarte y disfrutar del poder de Dios en tu vida cotidiana.

Mientras Dios te está diciendo, ven y siéntate conmigo, aparecen en tu mente todos los factores del ayer que te hicieron correr, o cansarte, o estar preocupado. Muchos pensarán, ¿cómo sentarme si perdí mi trabajo, o si vivo deprimido en medio de tanta adversidad, o nada me ha salido bien el último tiempo, o mi salud está resquebrajada?

Siéntate con Él, vengas de donde vengas.

Quiero que veas el caso de Mefiboset. Este es uno de los casos que a mí más me apasiona de las Escrituras. En 2 Samuel Capítulo 9, David preguntó si quedó vivo alguno de los hijos de Jonatán. Le dijeron: Sí, quedó uno.

> *Cierto día, David preguntó: «¿Hay alguien de la familia de Saúl que aún siga con vida, alguien alguien pueda mostrarle bondad por amor a Jonatán?»* (2 Samuel 9:1)

¿Cuál era la historia de este hombre? Había sido elegido para ser rey.

Había sido elegido para vivir todo el tiempo disfrutando de ser un hijo del que manda, y sin embargo, un día entraron al palacio por su abuelo Saúl y por su padre para terminar con sus vidas y su reinado. Ese día, una nodriza lo agarró para salvarlo, pero mientras huía se le cayó y se le rompieron las piernas. Lo escondieron en una ciudad llamada Lodebar, que significa la ciudad de la miseria, la ciudad sin pan. De vivir en la casa del Rey, pasó a estar discapacitado, postrado, y viviendo en la miseria. Pasó a ser el miserable. Él podría tener excusas para quejarse de todo lo que le pasaba, para seguir corriendo en sus ansiedades o reclamos de lo que le había sucedido. Se sabe que se mantuvo 15 años hasta el día que David hizo la declaración que leyeron. No un día o 150. Algunos sufren de depresión por algunos meses; este hombre, quince años. Algunos dejan todo y decaen espiritualmente porque la adversidad es lo único que entra en sus corazones vacíos. Este hombre estuvo 15 años.

> *Entonces David mandó a buscarlo y lo sacó de la casa de Maquir. Su nombre era Mefiboset; era hijo de Jonatán y nieto de Saúl. Cuando se presentó ante David, se postró hasta el suelo con profundo respeto. David dijo:*
> *—¡Saludos, Mefiboset! Mefiboset respondió: —Yo soy su siervo. —¡No tengas miedo! —le dijo David—, mi intención es mostrarte mi bondad por lo que le prometí a tu padre Jonatán. Te daré todas las propiedades que pertenecían a tu abuelo Saúl, y comerás aquí conmigo, a la mesa del rey (…).*   (2 Samuel 9: 5-13)

Se sentó a la mesa del Rey. Dios te está invitando a pensar como los exitosos piensan y esto es, elijo vivir respetuosamente y cuando el rey me llama, me siento en su mesa, me siento a sus pies, me siento con Él.

Los exitosos piensan desde el poder sentarse y observar la inmensidad, o entender que fueron llamados a sentarse en los lugares celestiales y tener autoridad en la tierra, o que pueden sentarse cuando están cansados y sedientos, y beber de la fuente de agua viva, o sentarse a sus pies sin preocuparse porque Él está en control, o sentarse en su mesa aunque estés lisiado de ambos pies, aunque tu pasado o presente sea de miseria. ¡Dios te invita a sentarte a su mesa!

Este es el momento para soltar este contenido e ir a contarle a todo el mundo que somos llamados a comer cada día de la mesa del Rey. No comemos migajas, no comemos las sobras. No estamos preocupados por lo que pasa, ni siquiera por nuestro pasado, o porque tengamos las piernas rotas. Nos sentamos y lo miramos cara a cara. Y es tan interesante el momento de sentarse porque Él nos invita a comer en la mesa sin preocuparnos.

Solo te dice: Deja de correr, siéntate conmigo. Deja de accionar buscando resultados, solo siéntate y recibe de mi plenitud.

Quiero terminar este libro hablándote de uno de los momentos más interesantes antes de la acción.

"Piensa bien lo que harás" sería un buen título.

Jesus estaba por ser crucificado. Es un buen momento para estar solo, preocupado. Por cierto, lo estuvo. Pasa de mí esta copa, decía. Pero en un momento llegó a lo más poderoso que un exitoso puede pensar. "Que no se haga mi voluntad, sino la tuya", dijo Jesús.

En medio de ese relato estuvo con sus discípulos.

El libro de Juan, en el capítulo 13 nos muestra cómo Dios usa la palabra para traernos un mensaje especial. Sentarse es un sentarse de poder. No es un sentarse de un espacio, es un sentarse de un momento; un momento que te lleve a más.

Jesús sabía que había llegado su momento, su espacio. Su momento para dejar este mundo y regresar a su padre. Había amado a sus discípulos durante el ministerio que realizó en la Tierra y ahora los amó hasta el final.

Yo sé que hay mucho para preocuparse, pero en vez de preocuparte, siéntate. Jesús eligió lavarle los pies a cada uno de sus discípulos.

> *Después de lavarles los pies, se puso otra vez el manto, se sentó y preguntó: —¿Entienden lo que acabo de hacer?* (Juan 13:12)

Preguntó sentado. Sentado en un símbolo de autoridad, sentado en darte tiempo. Sentado y te escucho. Se sienta para escucharlos y que puedan sentarse con Él en crecer en entendimiento.

Y preguntó: ¿Entienden lo que acabo de hacer?

¿Qué tal si hoy te sientas en búsqueda de entendimiento? Siéntate para entender la autoridad. Siéntate para que el agua viva te penetre y te llene. Siéntate para elegir la buena parte. Siéntate para comer en la mesa del Rey. Siéntate para tener entendimiento. Deja de correr.

Siéntate en el Señor en este día, y entiende y ve qué es lo que Dios tiene para ti.

Él quiere que comprendas que Él está en control, que solo debes incorporar nuevas maneras de pensar. Siéntate y deja de echarle la culpa al afuera. Siéntate y hazte cargo. Siéntate y sigue lo que te encomiendo. Siéntate y sabe que soy quien te da la fuerza. Siéntate y crece en entendimiento en tus relaciones, en la creación de contextos, en elevar tu madurez, en saber que estás siendo y puedes perfeccionarte, y no solo eres y debes descubrirte. Siéntate. Siéntate y disfruta de la plenitud, de aprender de cada situación y no solo buscar soluciones. Siéntate y crece, y disfruta del agua viva que estoy derramando en tu corazón.

Siéntate y entiende. No les preguntó qué sabían o qué hacían, sino qué entendían.

Dios te habla y te dice: Contempla mi creación. Recibe agua viva, recibe mi presencia y mi Palabra. No soy simplemente un espacio o un lugar. Soy aquel a quien puedes adorar en un momento dado, que vivo en tu corazón, que en medio de cualquier circunstancia me des gloria. Entiende que no son las fuerzas del hombre, ni la sabiduría, ni las vacunas lo que van a sanar este mundo, sino el creer en el Padre Todopoderoso, en darle gloria, en elevar nuestras manos, en tomar la decisión de sentarnos a sus pies.

Si tienes alguna deuda que pagar, Cristo ya pagó por ti. Siéntate y disfruta que Dios, el Todopoderoso, quiere bendecirte. Pero nuestro sumo sacerdote se ofreció como un solo sacrificio. No necesitas más. Luego se sentó en el lugar de honor a la derecha de Dios.

Si tienes alguna duda de qué está pasando o de qué va a pasar, déjame decírtelo: fácil.

Cristo vive. Cristo resucitó, se sentó a la diestra de Dios, hoy está en el trono celestial intercediendo por ti y por mí, y cada vez que tú abres tu boca y elevas tu oración, Dios te bendice.

Dios quiere bendecir tu casa, bendecir tu vida. Deja de creer que estamos en este mundo solamente para pagar nuestras culpas. Él ya las pagó por nosotros.

Así que este es nuestro tiempo de estar agradecidos, de sentarnos ante su inmensidad y su creación, de sentarnos a sus pies en su grandeza, de sentarnos en el pozo del agua y ver cómo cuando estamos sedientos, Él cubre con agua viva todo nuestro ser.

Es nuestro tiempo de sentarnos para entender y ver que hay cosas que tenemos que comprender de sentarnos a su mesa. Pero no solo para que comas, sino para que le des gloria, para que santifiques su nombre, para que su nombre sea glorificado.

Llegó el tiempo para promover, para entrenar, para nuclear, para generar a todos aquellos que son la fuerza del bien, no importa en qué edificio estén, sino que todos estemos disfrutando de entender que Cristo en nosotros es la esperanza de gloria y que Él habita en nosotros, ¡y que vivir su presencia es un momento poderoso!

Lo que los exitosos piensan antes de hacer...

Siéntate y piensa como ellos.

UNA MIRADA A LO APRENDIDO

La **Responsabilidad,** la decisión de hacerte cargo y el compromiso son ingredientes indispensables para el éxito. Mide, de acuerdo a quien estás siendo, cuánto y cómo cumples con cada nivel de responsabilidad, según los siguientes conceptos.

Responsabilidad

Responsabilidad de hacerme cargo

Responsabilidad expansiva

Responsabilidad encomendada

Responsabilidad de entender

Inicia una conversación contigo mismo y escribe trazando tu **Ruta de Relación** teniendo en cuenta lo siguiente:

Relaciones con contexto

Relaciones con madurez

Relaciones con entendimiento de multiverso

Compara tu Ruta con la manera en que leíste que piensan los exitosos.

Considera lo que aprendiste sobre la nueva manera de pensar el **Resultado** y aplica a cualquiera de tus situaciones, escribiendo lo siguiente:

Resultado por aprendizaje

Resultado en la gestión

Resultado en la conexión

Resultado en la comprensión

Resultado en la sistematización

Resultado de sentarme

Compara lo que hayas escrito con la manera de pensar de los exitosos.

LOS SECRETOS DE LOS EXITOSOS

+ No piensan en acciones, sino en estrategias.
+ Viven comprometidos con entender y caminar en el aprendizaje constante.
+ No piensan desde la circunstancia, sino desde la convicción.
+ No piensan desde la solución de los problemas, sino desde la búsqueda de oportunidades.
+ No piensan en cómo van a reaccionar a lo que pasa, sino en cómo van a hacer para que lo que pasa los lleve a la visión extraordinaria.
+ No piensan que somos diferentes, sino únicos.
+ Son antes de hacer, y vuelan antes de caminar.
+ Piensan desde la visión, no desde los recursos.
+ Piensan desde sus elecciones y manejan sus emociones.
+ Piensan un paso antes.
+ Piensan en generar un mundo nuevo, más que en descubrir el mundo que ya está hecho.
+ Piensan en crear contextos para el logro, más que en acciones para el logro.

+ Piensan antes de hacer.

+ Pasaron la barrera de buscar afuera lo que saben que tienen que trabajar dentro.

+ Piensan que su desarrollo de responsabilidad es más grande que la incertidumbre, la ambigüedad, los conflictos y las complejidades de la vida cotidiana.

+ Se hacen cargo al comienzo.

+ No están buscando culpables, sino entendiendo en las profundidades de hacerse cargo.

+ Piensan antes para que cuando la oportunidad aparezca, ellos estén listos.

+ Piensan antes de los que saben.

+ Piensan desde lo que entienden.

+ Tienen responsabilidad con entendimiento.

+ Piensan antes y transforman sus pensamientos.

+ Piensan y entienden un paso antes.

+ Piensan desde el entendimiento.

+ Piensan que están siendo, y que deben perfeccionar cada día lo que están siendo en poder vivir más en Su presencia.

+ Piensan en tener una nueva manera de mirar el mundo; comprender al otro no solo desde nuestras interpretaciones, sino desde sus dolores.

- Entienden que ya no nos relacionamos por lo que hacemos, sino por lo que somos.

- Entienden que los contextos no se esperan; se generan.

- Piensan antes en lo que no están viendo, y buscan crear contexto que los lleve a nuevos niveles de gestión.

- No piensan que hay una única forma de hacerlo, sino que se preguntan cuál es la mejor forma de hacerlo en este caso y en esta oportunidad.

- Saben un secreto: no hay tanta competencia en los niveles de excelencia.

- Piensan en su equipo para trabajar codo con codo y espalda con espalda.

- Se acercan al problema como una oportunidad para crecer.

Los exitosos piensan desde el poder sentarse y observar la inmensidad; entender que fueron llamados a sentarse en los lugares celestiales y tener autoridad en la tierra; que pueden sentarse cuando están cansados y sedientos y beber de la fuente de agua viva, o sentarse a sus pies sin preocuparse porque Él está en control; o sentarse en su mesa aunque estés lisiado de ambos pies, aunque tu pasado o presente sea de miseria.

ACERCA DEL AUTOR

El Dr. Héctor Teme es el entrenador de vidas que más pastores y líderes cristianos ha capacitado en Iberoamérica. En este nuevo libro revela un modelo revolucionario de pensamiento que sintetiza las estrategias de los exitosos extraordinarios. El Dr. Teme, fundador de METODO CC y presidente de Christian Coaching University, ha sido consultor internacional durante más de 27 años. Se distingue por su comunicación efectiva y su autoridad de convocatoria, dos de los atributos que transmite a sus discípulos.

Centenares de miles de personas han asistido a sus seminarios de liderazgo, y sus entrenamientos en línea tienen un alcance mediático global, apoyado por oficinas en ciudades estratégicas en el mundo hispano.

Reside en Miami, Florida, junto a su esposa Laura, y tienen tres hijas.